KB242738

복음의 결말

제자도로의 초대

모나 D. 후커 지음 · 양자우 옮김

Copyright © Morna D. Hooker 2003
Originally published in English as
Endings: Invitations to Discipleship
by SCM Press, London, United Kingdom
All rights reserved
Korean translation edition copyright © 2026
by Lux Mundi Co., Ltd., Seoul, Republic of Korea
This Korean edition is published by arrangement of
Hymns Ancient and Modern LTD
through rMaeng2, Seoul, Republic of Korea.

이 한국어판의 저작권은
알맹2를 통해 Hymns Ancient and Modern LTD와 독점 계약한
㈜룩스문디에 있습니다.
신 저작권법에 의해 한국 내에서 보호를 받는 저작물이므로
무단전재와 복제를 금합니다.

Endings:
Invitations to Discipleship

복음의 결말

제자도로의 초대

모나 D. 후커 지음 · 양지우 옮김

비아
via

차례

일러두기

· * 표시는 독자의 이해를 돕기 위해 옮긴이와 편집자가 단 주석입니다.

· 성서 표기는 원칙적으로 『공동번역개정판』(1999)을 따르되 인용은 원
  서 본문에 가까운 번역본을 사용했습니다.

들어가며

이 책의 시작은 1998년 여름으로 거슬러 올라갑니다. 당시 저는 케임브리지 대학교의 레이디 마거릿 신학 교수직을 내려놓으며 고별 강연을 준비하고 있었습니다. 스물두 해 전 취임 기념 강연 요청에 응하지 못했던 미안한 마음을 담아 '끝'과 '시작'을 서로 이어주는 주제를 깊이 들여다보는 것이 좋겠다고 생각했습니다.[1] 그 고별 강연은 신학부가 옛 '신학교'를 떠나 새 터전으로 옮겨갈 수 있도록 해준 모금 활동

---

1 저는 이미 복음서 서문에 관한 책에서 '시작'Beginnings이라는 주제를 탐구한 바 있습니다. 이와 관해서는 다음 책을 보십시오. Morna D. Hooker, *Beginnings: Keys that Open the Gospels* (London: SCM Press, 1997). 『복음의 시작』(비아).

이 성공적으로 마무리된 것을 축하하는 자리이기도 했습니다. 신학부 역사의 한 시절이 끝을 맺음으로써 새로운 일이 막 시작되려던 참이었지요. 지난 스물두 해 동안 동고동락하며 나누었던 우정을 기억하며 이 책을 신학부 동료들에게 바칩니다.

그때 강연은 최근 몇 년간 여러 학회에서 나눈 이야기들의 밑거름이 되었습니다. 가장 가깝게는 2003년 2월, 풀러 신학교에서 같은 주제로 강연하며 그간의 생각을 이어갈 기회가 있었습니다. 저를 연사로 초대해 주시고 패서디나에 머무는 동안 아내 베벌리Beverley 여사님과 함께 따뜻한 환대를 베풀어 주신 도널드 해그너Donald Hagner 교수님께 깊은 감사를 전합니다.

고별 강연 내용을 다듬어 책으로 펴내 보자는 제안은 출간 당시 SCM 출판사의 편집장이자 성공회 사제이신 존 보든 John Bowden 박사님께서 해주셨습니다. 2001년에는 홍콩의 로 룽궝Lung-kwong Lo 교수님이 전경강연全慶講演에 초청해 주셨고 덕분에 저는 강연을 준비하며 원고에 살을 붙일 수 있었습니다. 그 강연을 맡은 일은 참으로 큰 영광이었습니다. 정성껏 대접해 주셨던 로 교수님과 동료 학자들, 특히 에릭 웡 Eric Wong 박사님께 감사드리며 따뜻하게 맞아 주셨던 홍콩중

문대학 숭기서원에도 다시 한번 감사의 마음을 전합니다. 다만 당시 강연은 세 차례뿐이었고 중국어 동시통역을 진행하기 위해 평소보다 강연 시간을 짧게 잡아야 했습니다. 이런 사정으로, 완성한 책의 최종 분량은 실제 강연 내용보다 훨씬 더 깁니다. 그럼에도 홍콩에 있는 친구들이 이 책을 읽으며 그때 나누었던 이야기들을 알아봐 주기를 바랍니다.

끝으로 초고를 세심히 살펴봐 주고 책을 끝까지 써 내려갈 수 있도록 곁에서 힘을 북돋아 준 성공회 사제 앤토니 배시Anthony Bash 박사님께 고마운 마음을 전합니다.

모나 D. 후커

시작과 끝

시작은 끝을 우리에게 다시 한번 알려 주리라.

- T. S. 엘리엇, 「성탄목 가꾸기」The Cultivation of Christmas Tree

새로운 일을 시작하기란 늘 어렵습니다. 누구나 처음에는 좋은 인상을 남기고 싶어 애쓰기 마련이니까요. 글을 쓰는 일도 마찬가지입니다. 강연, 소설, 수필이나 설교 등 어떤 글을 쓰든 '첫머리'를 떼는 일 자체가 도전입니다. 독자나 청중의 마음을 사로잡아 다음 이야기를 더 듣거나 읽고 싶게 만들어야 하기 때문이지요. 이처럼 시작은 중요합니다. 고대 세계에서는 더 그랬습니다. 당시 사람들은 대부분 눈으로 읽는 글보다 귀로 듣는 말에 의지했습니다. 책은 소리 내어 읽기 위해 쓰였고, 듣는 이들은 놓친 대목을 다시 확인하려고 책장을 뒤적거리거나 스크롤바를 위로 올릴 수 없었습니다. 그러니 저자가 책을 시작할 때는 꼭 필요한 정보를 일러 주는 일이 무엇보다 중요했습니다. 또한 당시 책에는 오늘날처럼 책의 성격을 친절하게 알려 주는 번듯한 표지나 뒷면의 추천사가 없었습니다. 그래서 저자는 자신이 어떤 글을 쓰고 있는지 첫머리에서부터 넌지시 알려 주어야 했습니다. 책의 시작 부분에 글의 정체를 가늠할 수 있는 결정적인 단서들을 반드시 남겨 두어야 했지요.

글을 시작하는 방식에는 몇 가지 관례가 있습니다. 전래 동화는 늘 "옛날 옛적에…"로 시작합니다. 사람들은 이 말만 듣고도 어떤 이야기가 펼쳐질지 곧바로 알아차리지요. 편지는 "친애하는"Dear이라는 말로 시작됩니다. 그리스 연극도 '도입부'prologue로 막을 올렸습니다. 여기서 작가는 무대 위에서 펼쳐질 이야기를 관객이 이해하는 데 꼭 필요한 정보를 제공했지요. 이러한 정보는 단순히 사건이 일어나는 때와 장소, 등장인물이 누구이며 서로 어떤 관계인지 알려 주는 데 그치지 않고 이야기의 더 깊은 의미를 짚어 주는 역할을 했습니다. 이를테면 작가는 도입부를 통해 무대 위에서 펼쳐지는 사건들 가운데 작용하는 '보이지 않는 힘'(이 힘은 신들의 정당한 요구일 수도 있고, 단순한 변덕일 수도 있습니다)에 대한 자신의 통찰을 관객과 나누고자 했습니다.

끝맺음 또한 시작에 못지않게 중요합니다. 하던 일을 그만두거나 누군가와 작별하는 일은 어렵기 마련이며 글을 마무리하는 일도 마찬가지입니다. 어떤 일을 시작해 궤도에 올렸다면 어디서 어떻게 멈춰야 할지도 알아야 합니다. 달리는 차에서 무작정 뛰어내릴 수는 없는 노릇이니까요. 간혹 이야기 중에 멈출 때를 모르는 듯한 이들도 있습니다. 마치 붐비는 공항에서 착륙할 기회를 찾아 하늘을 계속 맴도는 비행기처럼 말입니다. 그러나 여기에도 특정한 관례가 있습니다. 편지는 "마음을 담아", "당신의 벗"과 같은 정해진 문구로 끝을 맺고, 만찬 자리의 농담은 촌철살인의 한마디로 마무리되며, 전도 집회의 설교는 간절한 호소로 끝을 맺습니다. 전래 동화가 "그 뒤로 오래오래 행복하게 살았답니다"로 끝을 맺으면 우리는 이야기가 온전하게 매듭지어졌다고 느낍니다. 물론 현대 소설의 결말은 종종 이야기 도중에 멈춰 버린 듯한 인상을 줍니다. 독자에게 '그다음에는 어떻게 되었을까?' 하는 궁금증을 남기는 것이지요. 그러나 설교자가 아무런 결단이나 도전을 던지지 않은 채 설교를 마친다면 회중은 그가 무슨 말을 하려 했는지 의아해할 수 있습니다. 글을 쓰든 말로 하든 독자나 청중이 가슴에 담아갈 만한 무언가를 남기는 것이 중요합니다. 이야기를 깔끔히 마무리해서 즐거움을 선사하든, 성찰하고 행동하도록 결단을 촉구하든 말이지요.

이렇듯 글의 시작과 끝 사이에는 분명히 닮은 구석이 있습니다. 하지만 둘 사이에는 그보다 더 깊은 연결고리들이 존재합니다. 비행 중 이착륙 과정이 가장 위험하듯 어떤 일이든 매끄럽게 시작하고 끝내기가 가장 어렵기 때문만은 아닙니다(그 말이 사실이기는 하지만 말이지요). 한 작품의 시작하는 부분과 끝나는 부분은 형식이나 주제의 측면에서 서로 긴밀하게 이어져 있습니다. 잘 정돈된 결말은 우리를 다시 처음의 자리로 데려다 놓곤 합니다. 문학 비평가들이 '수미상관'inclusio이라 일컫는 이 기법이 능숙하게 쓰이면 독자는 작가가 처음부터 자신을 바로 이곳으로 인도하려 했음을 깨닫게 됩니다. 이처럼 처음으로 되돌아가는 흐름은 성서에 자주 등장합니다. 창세기 1장에 나오는 잃어버린 낙원은 장차 회복될 낙원의 밑그림이 됩니다. 히브리 예언자들과 제2 성전기 유대 작가들이 가졌던 종말의 희망 또한 역사의 끝이 결국 그 시작과 맞닿아 있다는 믿음이었습니다. 그들은 사람들이 하느님의 뜻을 따르고 다시 그분을 마주 보며 그분의 영광을 드러낼 때 창조 세계 전체가 온전히 회복되리라 생각했습니다. 결말에 이끌려 다시 시작의 자리에 선 우리는 깊은 울림을 얻음과 동시에 만족감을 느낍니다. 최근 몇 년 동안에는 천체물리학자들에게서 이와 같은 생각의 이면을 엿보기도 했습니다. 그들은 완두콩만 한 크기로 시작한 우주가 결국 그와 비슷한 크기의 블랙홀로 잦아들며 사라지게 될 것이라고 하지요.

오래전 그리스 철학자 헤라클레이토스Heraclitus가 시작과 끝은 하나로 통한다고 선언했을 때 그는 분명 원을 염두에 두고 있었을 것입니다.[1] 문학 비평가들도 이야기가 끝에서 다시 처음의 자리로 돌아가는 것을 원환 구조라 부르곤 합니다. 하지만 시작과 끝의 관계는 그보다 훨씬 복잡하고 오묘합니다. 성서의 이야기는 마지막에 이르러 우리를 그저 출발점으로 되돌려 놓는 데 그치지 않습니다. 그 안에 우리가 꼭 들어야 할 이야기와 반드시 거쳐야 할 여정이 담겨 있기 때문입니다. 창세기에 나오는 에덴동산과 요한계시록이 묘사하는 하늘의 예루살렘은 서로 닮은 구석이 있을지언정 완전

---

1 여러 고대 저술가가 그를 인용합니다. 이를테면 포르퓌리오스Porphyry 는 『호메로스 문제』Quaestiones Homericae에서 『일리아스』Iliad XIV.200을 주해하며 말합니다. "둥근 원을 따라 도는 궤적 위에서는 출발하는 자리와 끝맺는 자리가 결국 한데 맞물린다."

히 같은 곳은 아닙니다. 이야기의 끝에서 시작의 자리로 돌아간다 해도 거기서 우리는 모든 것을 이전과는 전혀 다른 '새로운 빛' 가운데 바라보게 됩니다.

이처럼 시작과 끝이 호응하는 특징은 예나 지금이나 수많은 문학 작품에서 발견할 수 있습니다. 신약성서의 여러 문서에서도 이를 발견할 수 있지요. 이 책에서는 바로 이 문제를 다루어 보려 합니다.[2] 특히 이야기의 형식을 갖추고 있어 이와 같은 특징이 가장 선명하게 드러나는 네 편의 복음서와 사도행전을 살펴보겠습니다. 이를 통해 우리는 이 책들의 시작과 끝이 서로 긴밀히 맞물려 있을 뿐 아니라 그 사이에 담긴 이야기의 의미를 앞뒤로 비추고 있다는 사실을 알게 될 것입니다. 더 나아가 시작은 이야기 이전의 시간을, 끝은 이야기 이후의 시간을 가리킵니다. 이는 우리가 마주하는 성서 이야기가 그 자체로 완결된 것이 아니라 지금도 계속되는 더 길고 거대한 이야기의 한 부분임을 일깨워 줍니다. 이 책에

---

2 신약성서의 다른 곳을 보면 통상 바울 서신들은 당대의 관례에 따라 논의하려는 주제를 암시하며 시작해 그 주제들을 짧게 요약하며 끝을 맺습니다. 예를 들어 로마 1:1~7과 16:25~27, 갈라 1:3~5와 6:11~16, 1 데살 1:2~10과 5:23~24를 보십시오. 요한계시록은 환시의 증인으로 기록된 요한이 '알파와 오메가'이신 주님께서 오심을 선포하며 시작과 끝을 맺습니다(계시 1:1~8, 22:8~21).

서 시작 부분에 대해서는 상대적으로 짧게 이야기하고 넘어가겠습니다. 이전 저서인『복음의 시작』에서 이미 각 복음서의 서론이 복음서 전체를 이해하는 데 얼마나 중요한 열쇠가 되는지 다룬 적이 있기 때문입니다.[3] 시작과 끝은 서로 떼려야 뗄 수 없이 맞물려 있기에 시작 부분을 결코 소홀히 여겨서는 안 됩니다.

각 복음서의 서론은 앞으로 펼쳐질 내용에 관한 실마리를 품고 있습니다. 복음서가 추리소설이었다면 저자가 본격적인 이야기를 시작하기도 전에 독자에게 사건을 풀 수 있는 열쇠를 건넨 셈이지요. 물론 복음서는 추리소설이 아닙니다. 그리고 복음서가 정확히 어떤 책인지 정의하기란 생각보다 훨씬 까다롭습니다. 수 세기 동안 사람들은 복음서를 위인전과 같은 '전기'biography로 여겨 왔습니다. 하지만 '기쁜 소식'을 뜻하는 '복음'이라는 전통적인 이름이 이 책들의 성격을 훨씬 더 잘 드러낸다는 사실을 깨닫게 되면서 복음서를 전기로만 보는 견해는 점차 설 자리를 잃었지요. 복음서는 매우 뚜렷한 목적을 가지고 전하는 예수에 관한 이야기로, 일종의 선전물propaganda과 같은 성격을 띱니다. 최근 들어 복

---

3 Morna D. Hooker, *Beginnings: Keys that Open the Gospels* (London: SCM Press, 1997).『복음의 시작』(비아).

음서를 다시 전기로 보려는 시도들이 있지만 그리 설득력
이 있어 보이지는 않습니다.[4] 무엇보다 복음서와 고대 전기
를 가르는 결정적인 차이는 복음서가 일반적인 전기와는 전
혀 다른 방식으로 끝을 맺는다는 점에 있습니다. 보통 전기
는 위대한 인물의 죽음과 그가 남긴 업적에 대한 평가로 마
무리되곤 합니다. 고인을 기리는 추도사를 싣거나 그의 죽음
을 마주한 대중의 반응을 기록하기도 하지요.[5] 그러나 복음
서는 결코 그런 방식으로 마침표를 찍지 않습니다.

차라리 복음서는 한 인물의 삶에 초점을 맞추는 몇몇 유
대 문헌과 더 많은 공통점이 있을지 모릅니다. 이를테면 구
약성서에 속한 룻이나 에스델(에스더) 이야기를 들 수 있고,
(신학적인 토론이 덧붙여지긴 했으나) 욥에 관한 이야기도 여기에
해당한다고 볼 수 있지요. 정경 외 문헌 중에는 유딧 이야기

---

4 이런 시도를 대표하는 저작은 다음을 들 수 있습니다. R. A. Burridge,
   What are the Gospels? A Comparison with Graeco-Roman Biography, SNTS
   Monograph series 70 (Cambridge: Cambridge University Press, 1992).

5 예를 들어 크세노폰Xenophon의 『아게실라오스』Agesilaus, 플루타르코스
   Plutarch의 『영웅전』Lives, 타키투스Tacitus의 『아그리콜라』Agricola, 수에토
   니우스Suetonius의 『황제전』Lives of the Caesars을 보십시오. 필로스트라토
   스Philostratus의 『티아나의 아폴로니오스전』Life of Apollonius of Tyana 정도가
   예외라 할 수 있는데, 이 책은 기원후 3세기 초에 기록되었으며 어느
   정도 복음서를 본으로 삼았을 가능성이 있습니다.

와 요셉과 아스낫 이야기가 이 범주에 속합니다. 이 이야기들은 대개 전래 동화 형식을 따릅니다. 룻과 보아스의 결혼을 다룬 룻기는 문자 그대로 그러하고, 요셉과 아스낫 이야기도 "그 뒤로 오래오래 행복하게 살았다"라는 맺음말을 자연스럽게 떠올리게 하지요. 유딧과 에스델은 둘 다 민족을 위협하는 원수를 물리치고 승리를 거둡니다. 욥기도 마찬가지입니다. 이야기의 시작 부분에서 일곱 아들과 세 딸뿐 아니라 가축까지 모두 잃었던 욥은 결말에 이르러 다시 일곱 아들과 세 딸을 얻습니다. 양과 낙타, 소와 나귀도 이전보다 두 배나 더 많이 돌려받지요. 이야기 저자는 전체 내용을 능숙하게, 어찌 보면 지나치다 싶을 정도로 깔끔하게 잘 매듭지었습니다. 욥 자신은 만족했을지 모르나, 먼저 떠나보낸 열 자녀의 자리가 다른 열 자녀로 손쉽게 채워지는 모습은 독자의 마음을 불편하게 만듭니다. 많은 주석가도 이 대목에서 고개를 갸웃거렸습니다. 의로운 사람은 복을 받고 악한 사람은 벌을 받는다는 통념을 내내 거부해 오던 욥기의 흐름과 이 '행복한 결말'이 충돌한다고 생각했기 때문입니다. 그럼에도 책의 시작과 끝을 장식하는 산문 대목들은 서로를 거울처럼 비추며 수미상관을 이룹니다. 이 마지막 구절들은 우리를 다시 첫 장면으로 데려다 놓으며, 비록 천상의 법정을 배경으로 삼지는 않을지라도 그곳에서 있었던 일을 다시금 떠올리게 합니다. 욥이 예전에 가지고 있던 재산과 복을 회복하는 장면은 결국 그가 시험을 이겨냈으며 사탄의 시도가 실패로 돌아갔음을 보여 주는 표지입니다.

요나서에서 우리는 사뭇 다른 결말을 마주하게 됩니다. 물론 니느웨 주민들 입장에서는 모든 일이 행복하게 끝났다고 볼 수 있습니다. 하지만 정작 요나 자신은 시든 박 넝쿨 옆에 앉아 못마땅한 기색으로 토라져 있지요. 놀랍게도 이 책은 하느님께서 던지시는 질문으로 끝을 맺습니다.

> 네가 수고하지도 않았고, 네가 키운 것도 아니며, 그저 하룻밤 사이에 자라났다가 하룻밤 사이에 죽어 버린 이 식물을 네가 그처럼 아까워하는데, 하물며 좌우를 가릴 줄 모르는 사람들이 십이만 명도 더 되고 짐승들도 수없이 많은 이 큰 성읍 니느웨를, 어찌 내가 아끼지 않겠느냐? (요나 4:10~11)

우리는 이어질 대답을 기대하며 책장을 넘겨보지만, 거기엔 어떤 문장도 놓여 있지 않습니다. 요나는 말문이 막혔을까요? 그다음에는 무엇을 했을까요? 곧장 집으로 돌아가는 배에 몸을 실었을까요? 정말 거기가 이야기의 끝이었을까요?

이 책은 '만족스러운 끝맺음'이 반드시 있어야 한다는 우리의 통념을 뒤흔듭니다.

이 이야기들에서 눈여겨볼 대목은 심지어 전래 동화 같은 결말로 끝나는 룻과 보아스의 이야기조차 저마다 분명한 가르침을 품고 있다는 점입니다. 이들은 모두 '변증'을 목적으로 쓰였습니다. 이야기의 속뜻을 깊이 파고들면 변증이라는 목적이 결말을 좌우한다는 사실을 깨닫게 됩니다. 물론 보통은 하느님을 향한 믿음이 마침내 승리한다는 사실을 보여 주는 '행복한 결말'을 맺습니다. 그러나 이 이야기들은 그저 청중을 달래거나 들은 이들이 참 재미있었다고 느끼며 기분 좋게 집에 돌아가게 해주는 여흥 거리가 아닙니다. 예수의 비유가 그러하듯 이 이야기들도 듣는 사람에게 물음표를 던져 스스로 생각해 보게 만듭니다. 이러한 특징이 가장 선명하게 드러나는 곳이 바로 요나서입니다. 이는 요나서가 이야기를 풀어가는 독특한 방식 때문이기도 합니다. 요나서는 모든 일을 매끄럽게 정리해 '잘 쓰인 이야기'라는 인상을 남기는 결말 대신 무언가 덜 끝난 듯한 '열린 결말'을 택합니다. 그래서 우리는 이야기가 끝난 뒤에도 못내 아쉬워하며 다음에 무슨 일이 일어났을지, 그리고 (이게 더 중요한 부분인데) 이 이야기가 나에게 어떤 의미인지 묻게 됩니다. 이야기가 매듭지어지지 않은 채 멈추어 버릴 때, 우리는 그 이야기 속으로 들어갑니다. 그 흐트러진 상황을 직접 수습하고 싶어 하지요. 어떤 이는 요나를 다시 바다에 던져버림으로써 이야기를 얼른 완성하고 싶을지 모릅니다. 하지만 이렇게 물을 수도 있습니다. "정말 하느님께서는 저 끔찍한 니느웨 사람들까지 아끼신다는 말인가?" 이때 이야기는 멈춰 선 채 독자인 우리를 기다리고 있습니다. 그리고 우리에게 빈칸을 채워 결말을 완성해 보라고 하지요.[6]

구약에서 이른바 '역사서'라고 불리는 책들은 좀 더 깔끔하게 끝을 맺으리라고 기대하기 쉽지만, 실제로는 그렇지 않습니다. 창세기는 요셉의 죽음으로 마침표를 찍습니다. 요셉은 하느님께서 아브라함과 이삭, 그리고 야곱에게 약속하신 땅으로 백성을 인도하실 테니 그때 자신의 유골을 챙겨가 달라고 당부합니다.

"나는 곧 죽는다. 그러나 하느님께서 반드시 너희를 돌보시고, 너희를 이 땅에서 인도하여 내셔서, 아브라함과 이삭과

---

6 고대 문학 작품에서 '미완의 결말'suspended endings을 어떻게 사용했는지에 대해서는 다음을 참고하십시오. J. Lee Magness, *Sense and Absence*, SBL Semeia Studies (Atlanta: Scholars Press, 1986).

야곱에게 맹세하신 땅에 이르게 하실 것이다." 요셉은 이스
라엘 자손에게 맹세를 시키면서 일렀다. "하나님께서 반드
시 너희를 돌보실 날이 온다. 그때에 너희는 나의 뼈를 이곳
에서 옮겨서, 그리로 가지고 가야 한다." (창세 50:24~25)

요셉이 이집트에서 맞이한 죽음은 결코 이야기의 끝이 아니
었던 셈입니다. 출애굽기는 모세가 성막을 세우고 그 위에
구름이 내려앉는 장면으로 마무리됩니다. 이는 하느님의 영
광이 성막에 가득 찼음을 보여 주는 징표였습니다. 구름이
움직이면 백성들도 따라 움직이지요.

구름이 회막을 덮고, 주님의 영광이 성막에 가득 찼다. 모세
는, 회막에 구름이 머물고, 주님의 영광이 성막에 가득 찼으
므로, 거기에 들어갈 수 없었다. 이스라엘 자손은 구름이 성
막에서 걷히면 진을 거두어 가지고 떠났다. 그러나 구름이
걷히지 않으면, 걷힐 때까지 떠나지 않았다. 그들이 길을 가
는 동안에, 낮에는 주님의 구름이 성막 위에 있고, 밤에는
구름 가운데 불이 있어서, 이스라엘 온 자손의 눈앞을 밝혀
주었다. (출애 40:34~38)

결국 이 책은 이스라엘 백성이 계속해서 나아가는 상태에서 끝나며 이야기가 앞으로도 계속될 것임을 암시합니다.

레위기와 민수기는 모두 '이것은 하느님께서 모세를 통해 주신 계명이다'라는 선언으로 끝을 맺습니다. 레위기는 시나 이산에서, 민수기는 모압 평지에서 이 말씀을 전하지요. 두 책 어느 곳에서도 이스라엘 백성은 아직 약속의 땅에 발을 들이지 못했습니다. 신명기의 마지막 장면에서는 모세가 비스가산에 올라 약속의 땅을 내려다봅니다(신명기 34장). 그곳에서 모세는 아브라함의 후손에게 그 땅을 주시겠다는 하느님의 약속을 다시 한번 전해 듣고 숨을 거둡니다. 전통에서 모세의 저작이라 불려 온 '모세 오경'의 긴 여정은 여기서 마침표를 찍습니다. 그러나 우리는 이야기가 아직 끝나지 않았음을, 가야 할 길이 더 남아 있음을 다시금 깨닫게 됩니다.

여호수아서는 위에서 언급한 이야기들보다 한결 매듭이 분명한 이야기처럼 보입니다. 모세의 뒤를 이으라는 하느님의 명령으로 시작해(여호 1:1~9) 여호수아의 죽음과 요셉의 유골을 안치하는 장면으로 끝을 맺기 때문이지요(여호 24:29~33). 이와 달리 판관기(사사기)는 촌평으로 마무리됩니다.

> 그때에는 이스라엘에 왕이 없었으므로, 사람들은 저마다 자
> 기의 뜻에 맞는 대로 하였다. (판관 21:25)

이 구절은 장차 왕이 다스릴 시대를 독자가 미리 내다보게
해줍니다.

사무엘기와 열왕기는 사실상 하나의 기록입니다.[7] 그 대
장정의 끝인 열왕기하는 유다 왕 여호야긴이 감옥에서 풀려
났으나 여전히 유배 생활을 하는 장면으로 끝납니다. 고향으
로 돌아가려던 백성의 간절한 소망은 아직도 이루어지지 않
았습니다. 역대기상과 역대기하 역시 한 묶음의 이야기입니
다. 역대기하 마지막 장에서 성전은 무너지고 백성이 포로로
끌려갑니다. 그러나 이어지는 마지막 문단에서 반전이 일어
나지요. 70년이 흐른 뒤, 페르시아 왕 고레스는 하느님의 명
을 받들어 성전을 다시 짓겠다는 칙령을 내리고 백성에게 고
향으로 가라고 이야기합니다.

---

7 사무엘기상은 사울의 죽음으로 끝나고, 사무엘기하는 사울과 요나단
에 대한 다윗의 애도로 이야기를 이어갑니다. 사무엘기하는 다윗의
통치 이야기를 들려주며 그의 죽음에 대해서는 열왕기상 첫 장에 이
르러서야 접할 수 있지요. 열왕기상은 아하즈야의 죽음으로 끝나는
데, 이는 열왕기하 시작 부분에서 더 상세히 묘사됩니다.

페르시아의 고레스 왕이 왕위에 오른 첫해에, 주님께서는 예레미야를 시켜서 하신 말씀을 이루시려고, 페르시아의 고레스 왕의 마음을 움직이셨다. 고레스는 온 나라에 명령을 내리고, 그것을 다음과 같이 조서로 써서 돌렸다. "페르시아의 고레스 왕은 다음과 같이 선포한다. 주 하늘의 하느님께서 나에게 이 땅 위의 모든 나라를 주셔서 다스리게 하시고, 유다의 예루살렘에 그의 성전을 지으라고 명하셨다. 이 나라 사람 가운데, 하느님을 섬기는 모든 백성에게, 하느님께서 함께 계시기를 빈다. 그들을 모두 올라가게 하여라." (2역대 36:22~23)

히브리어 성서에서 맨 마지막을 장식하는 책은 이렇게 마무리됩니다(*그리스도교 구약성서는 말라기로 끝나지만, 유대교 전통의 히브리 성서(타나크)는 역대기로 끝난다). 이보다 더 결말을 활짝 열어 둔 채 끝맺기도 쉽지는 않을 것입니다.[8]

사랑의 노래들을 엮은 아가는 설렘과 기대로 가득합니다.

---

8 히브리 성서에서는 에즈라-느헤미야가 역대기보다 먼저 배치되어 있습니다. 하지만 에즈라-느헤미야는 역대기상과 역대기하가 들려주는 이야기를 이어받아 전체 서사를 마무리 짓습니다. 역대기상과 역대기하가 그러하듯 에즈라서와 느헤미야서 역시 본래 단일한 책이며 칠십인역에서도 두 책이 하나로 묶인 형태로 등장합니다.

그래서 시의 화자가 사랑하는 이를 애타게 부르는 대목에서 끝을 맺지요.

> 임이여, 노루처럼 빨리 오세요. 향내 그윽한 이 산의 어린 사슴처럼, 빨리 오세요. (아가 8:14)

예언서들도 저마다 '열린 결말'을 지향합니다. 예레미야서는 앞서 살펴본 열왕기나 역대기하와 마찬가지로 유다 왕 여호야긴이 여전히 유배지에 머물러 있는 채로 마무리됩니다. 그 밖의 예언서들도 대부분 장차 일어날 일을 희망 어린 눈으로 내다보며 끝을 맺습니다.

> "내가 지을 새 하늘과 새 땅이 내 앞에 늘 있듯이, 너희 자손과 너희 이름이 늘 있을 것이다." 주님의 말씀이시다. "매달 초하루와 안식일마다, 모든 사람이, 내 앞에 경배하려고 나올 것이다." 주님께서 말씀하신다. "그들이 나가서 나를 거역한 자들의 시체들을 볼 것이다." 그들을 먹는 벌레가 죽지 않으며, 그들을 삼키는 불도 꺼지지 않을 것이니, 모든 사람이 그들을 보고 소름이 끼칠 것이다. (이사 66:22~24)

주님께서 하시는 말씀이다. "그때가 되면, 농부는 곡식을 거두고서, 곧바로 땅을 갈아야 하고, 씨를 뿌리고서, 곧바로 포도를 밟아야 할 것이다. 산마다 단 포도주가 흘러나와서 모든 언덕에 흘러넘칠 것이다. 내가, 사로잡힌 내 백성 이스라엘을 데려오겠다. 그들이 허물어진 성읍들을 다시 세워, 그 안에서 살면서 포도원을 가꾸어서 그들이 짠 포도주를 마시며, 과수원을 만들어서 그들이 가꾼 과일을 먹을 것이다. 내가 이 백성을 그들이 살아갈 땅에 심어서, 내가 그들에게 준 이 땅에서 다시는 뿌리가 뽑히지 않게 하겠다." 주 너의 하느님이 말씀하신다. (아모 9:13~15)

그분은 백성을 가엾이 여겨 용서하시고(미가 7:18~20) 유배지에서 다시 불러 모으시며(스바 3:16~20) 뭇 나라를 허물어뜨리고 당신의 종 스룹바벨을 세워(학개 2:20~23) 예루살렘을 거룩하게 만드실 것입니다(즈가 14:20~21). 또한 예언자 엘리야를 미리 보내시고(말라 4:5~6) 당신께서 직접 와서 시온에 머무를 것이라고 약속하십니다(요엘 3:21). 호세아서는 백성에게 하느님께로 돌아오라고 간곡히 호소하며 끝나고(호세 14:1~9), 오바디야서는 포로들이 고향으로 돌아오리라는 희망을 전합니다(오바 1:20~21). 예레미야애가에는 백성을 회복시켜 달라는 애틋한 간구가 흐르고(애가 5:19~22), 다니엘서는 "세상의 끝"이 올 때까지의 시간을 가늠하며 마침표를 찍습니다(다니엘 12:9). 하바꾹은 곧 들이닥칠 재앙을 기다리면서도 하느님을 향한 굳건한 신뢰를 고백합니다(하바 3:16~19). 오직 나훔서만이 겉보기에 캄캄한 절망 속에 머무르며 끝을 맺습니다(나훔 3장).

예언서들이 이처럼 '열린 결말'을 보이는 이유는 분명합니다. 예언서를 엮은 이들이 하느님께서 베푸실 구원의 희망을 노래하는 신탁으로 책을 마무리하려 했기 때문이지요. 그 덕분에 우리가 마주하는 구약성서의 거의 모든 책은 이야기의 끝자락에서 앞으로 일어날 일을 기대하며 바라보는 결말을 갖게 되었습니다. 그러니 복음서들 역시 이와 같은 특징을 보인다 해도 그리 놀라운 일은 아닙니다. 복음서는 하느님의 구원이 예수라는 인물을 통해 이미 우리 곁에 당도했다고 선포함과 동시에 만물이 온전히 회복되고 완성될 그날에 시선을 둡니다.[9]

---

9 복음서들이 나름의 방식으로 구약이 품어온 희망이 마침내 이루어졌다고 선포하는 까닭에 종종 학자들은 예언자들이 선포한 '미래를 중심에 둔 종말론'과 대조되는 '실현된 종말론'을 복음서 저자들이 견지한다고 평가하곤 했습니다. 하지만 복음서 저자들이 세상을 바라보는 관점은 '개시된 종말론'inaugurated eschatology이라고 보는 편이 더 적절합

그러므로 이 책에서 복음서와 사도행전의 마지막 장들을 살피면서는 역사를 둘러싼 쟁점들에는 관심을 기울이지 않을 것입니다. 즉, 그때 정확히 무슨 일이 일어났는지, 혹은 부활을 마주한 여러 기록을 하나로 매끄럽게 맞출 수 있는지와 같은 문제에 매달리지 않겠다는 뜻입니다. 전해 내려온 이야기가 시간이 흐르며 어떻게 변해 왔는지 그 뿌리를 쫓거나 책들의 이면에 숨겨진 더 오래된 전승을 가려내는 일도 이 책에서는 하지 않겠습니다. 이 책의 목표는 명료합니다. 복음서 저자들이 자신들에게 주어진 자료를 어떤 방식으로 빚어 복음서를 썼는지 살펴보고, 그들이 독자에게 전하고자 했던 참된 의미가 무엇인지 밝히는 것입니다.

니다. 그들이 보기에 예수에게 일어난 사건은 장차 다가올 미래에 펼쳐질 일들을 알리는 시작이기 때문입니다.

마르코 복음서의 결말
‒ 사라진 것인가, 열려 있는 것인가?

··· 끝은 시작을 앞서고,

시작과 끝은 늘 그 자리에 있었네.

시작이 있기 전부터, 끝이 난 후까지.

　　　　　－T. S. 엘리엇, 『사중주』, 「번트 노턴」 5연

　복음서들을 펼쳐 보면 우리는 이 책들이 하나같이 확실하게 마무리되지 않고 열린 채 끝난다는 사실을 발견하게 됩니다. 어딘가 불편하고 아쉬움을 느끼며 그다음 무슨 일이 일어났을지 궁금하게 되지요. 이러한 특징이 가장 극명하게 드러나는 복음서는 마르코 복음서입니다. 마르코는 15장에서 예수의 십자가 수난과 죽음에 관한 이야기, 그리고 그분이 묻히신 이야기를 들려주었습니다. 그런데 16장에 이르러서는 단 한 개의 짧은 문단으로 복음서를 서둘러 매듭짓지요. 몇몇 여인이 가서 비어 있는 예수의 무덤을 발견하고 "예수께서 살아나셨으니 제자들은 갈릴리로 가라"는 말을 어느 낯선 청년에게 들었다는 짤막한 보고 이후, 마르코의 이야기는 16장 8절에서 갑작스럽게 막을 내립니다.

> 여자들은 겁에 질려 덜덜 떨면서 무덤 밖으로 나와 도망쳐 버렸다. 그리고 너무도 무서워서 아무에게도 아무 말도 못 하였다. (마르 16:8)

독자는 당혹스럽다 못해 화가 나기까지 합니다. 이야기가 절반쯤 전해지다 끊긴 것 같기 때문이지요. 의문은 무엇 하나 풀리지 않은 채 그대로 남습니다. 대체 누가 무덤의 돌을 굴려 냈을까요? 흰옷을 입은 신비한 청년은 누구일까요? 예수께서 죽음에서 살아나셨다는 그의 말은 정말 사실이었을까요? 제자들은 갈릴리로 가서 그분을 만났을까요? 무엇보다도 여인들이 무서워서 아무에게도 말을 못 했다면 제자들은 도대체 어떻게 그 소식을 전해 들은 걸까요?

물론 오늘날 우리가 읽는 마르코 복음서 16장 8절 뒷부분이 요나서처럼 비어 있지는 않습니다. 대신 마르코의 이야기를 어떻게든 마무리하려 했던 두 가지 시도가 독자를 기다리고 있지요. 보통 복음서의 맨 끝에 짤막한 두 문단으로 덧붙여져 있는데, 이들은 마르코 고유의 문체나 어휘와 확연히 어긋나기에 후대에 누군가가 써넣은 것이 분명해 보입니다.[1] 마르코 복음서의 결말이 워낙 갑작스럽다 보니 아주 이른 시기부터 여러 필사자가 이야기를 매끄럽게 매듭짓고자 애썼다는 사실이 그리 놀랍지는 않습니다. 수 세기 동안 학자들이 마르코 복음서의 원래 결말이 유실되었다고 짐작해 온 것도 충분히 이해할 만합니다. 어떻게 저자가 이토록 풀리지 않는 수많은 물음 한복판에 독자를 홀로 남겨 둘 수 있느냐는 의문 때문이었겠지요. 문학의 관점으로 보아도 이 결말은 만족스럽지 않습니다. 독자가 줄곧 '그다음엔 대체 무슨 일이 일어났을까'를 궁금해할 수밖에 없으니까요. 문법을 따져 보면 더 이상합니다. 마르코가 남긴 마지막 말은 '왜냐하면(때문에)'을 뜻하는 접속사 '가르'γάρ입니다. 전치사로 끝나는 영어 문장처럼 어색하기 짝이 없는 마무리지요.

---

[1] 첫 번째 결말은 많은 영역본에서 마르 16:8 바로 뒤에 나타납니다. 두 번째 결말은 마르 16:9~20입니다.

무엇보다 견디기 힘든 점은 신학의 눈으로 보아도 이 결말이 불충분하다는 것이었습니다. 마르코 복음서가 정말 8절에서 끝난다면 우리 곁에는 부활을 증언해 주는 사람이 아무도 남지 않게 됩니다. 우리가 마주하는 것이라곤 그저 입구가 열려 있고, 정체를 알 수 없는 누군가가 전한 무덤이 비어 있다는 말, 그리고 몇몇 여인이 받은, 예수께서 살아나셨다는 소식이 전부입니다. 이 소식은 제대로 입증되지도, 전달되지도 않았습니다. 설령 여인들이 이 일을 전했다 해도, 당시 유대 법 관습에서 진실을 확증할 증인은 둘 이상의 남성이어야만 했으므로 여인들의 말은 아무런 가치도 인정받지 못했을 것입니다. 도대체 왜 마르코는 여인들이 두려움에 떨고 있었다는 진술을 자기 글의 마지막 말로 처리하고 이야기를 끝낸 것일까요? 그가 실제로 여기서 붓을 놓았다면 독자에게 내놓은 '복음(기쁜 소식)'이란 사실상 인간의 실패와 무지, 불순종과 두려움으로 얼룩져 있는 셈입니다.

하지만 마르코 복음서의 결말이 소실되었다는 가설 역시 선뜻 받아들일 수 없기는 마찬가지입니다. 낱장을 묶은 책 형태인 '코덱스'codex라면 마지막 장이 떨어져 나갈 수도 있겠지만 두루마리의 끝부분만 사라지는 일이 과연 가능할까요? 너무 자주 펼쳐 보아 끝이 해져서 찢겨 나갔을까요? 그랬다면 그 내용은 이미 수많은 이에게 알려지고 그들의 기억에 뚜렷하게 남았을 테니, 누군가 유실된 부분을 다시 채워 넣기도 그리 어렵지 않았을 것입니다. 혹 두루마리를 구석에 방치해 두는 바람에 벌레나 쥐가 갉아 먹은 것일까요? 어느 학자의 재치 있는 표현을 빌리자면, 정말로 쥐들이 마지막 부분을 갉아 먹었다면 정말이지 놀라울 만큼 '안목이 높은' 쥐들이었을 것입니다. 하필 딱 그 지점에서 갉아 먹기를 멈췄으니 말이지요.[2] 결말 부분을 잃어버린 것이 아니라면 애초에 복음서가 완성되지 못했던 것일까요? 마르코는 어떤 불행한 사정으로 끝내 붓을 놓아야만 했던 것일까요? 혹 마지막 문단을 써 내려가던 중 순교를 맞이했던 것은 아닐까요? 예수를 따르려면 자기 십자가를 지고 죽음의 자리까지 나아가야 한다고 단호하게 강조했던 복음서 저자가 순교의 길을 걸었다면 그의 가르침에 참으로 어울리는 결말일 것입니다. 하지만 안타깝게도 전승은 이 대목에서 침묵을 지키고 있습니다.

그러나 세 번째 가능성이 있습니다. 어쩌면 마르코 복음서는 저자가 처음부터 의도했던 바로 그 자리에서 끝난 것

---

2 Austin Farrer, *A Study in St Mark* (Westminster: Dacre, 1951), 178.

이 아닐까요? 최근 마르코 복음서를 연구하는 주석가들은 이 갑작스러운 결말이 실수나 사고가 아니라 저자의 치밀한 의도였다고 생각하기 시작했습니다.[3] 문학의 측면에서 보더라도 마르코가 결코 외롭지 않은 길을 걸었다는 사실도 점차 부각되고 있지요.[4] 아리스토텔레스Aristotle는 "잘 짜인 이야기는 멋대로 정한 지점에서 시작하거나 끝나서는 안 된다"[5]고 단호하게 주장했지만, 호메로스Homer의 『일리아스』Iliad 역시 여러 기대감을 채워 주지 않은 채 마르코만큼이나 갑작스럽게 멈춰 섭니다.[6] 『오디세이아』Odyssey의 결말 또한 본문보

---

3 마르코 복음서가 16장 8절에서 끝난다는 주장은 1903년 율리우스 벨하우젠Julius Wellhausen이 처음 제기했습니다. Julius Wellhausen, *Das Evangelium Marci* (Berlin: de Gruyter, 1909). 이보다 20년 앞서 웨스트콧 Westcott과 호트Hort는 그러한 가능성을 터무니없는 생각이라며 일축한 바 있지요. 두 학자는 말했습니다. "복음서 저자가 일부러 "그리고 너무도 무서워서 아무에게도 말을 못 하였다"로 끝내거나 여인들이 겁에 질려 도망쳤다는 식의 부차적인 사건을 묘사하며 복음서 전체를 마무리하는 건 도무지 믿기 어려운 일이다. 이는 부활의 증언이 이어져야 할 서술 흐름을 중간에 툭 끊어 놓아 이야기를 미완성 상태로 내버려 두는 무책임한 처사이기 때문이다." Brooke Foss Westcott, Fenton John Anthony Hort, *The New Testament in the Original Greek*, vol. 2, Introduction and Appendix (Cambridge and London: Macmillan, 1881), 46.

4 다음을 보십시오. J. Lee Magness, *Sense and Absence*, SBL Semeia Studies (Atlanta: Scholars Press, 1986).

5 Aristotle, *Poetics* 7. 3. 『시학』(길).

6 베르길리우스Virgil의 『아이네이스』Aeneid가 보여 주는 갑작스러운 결말

다 훨씬 나중에 덧붙여졌다고 보는 학자들이 많지요.[7] 마르코가 저지른 문법상의 죄 역시 한때 사람들이 생각했던 것만큼 큰 죄가 아니었음이 드러났습니다. 접속사 '가르'로 문장을 끝내는 유사한 용례들이 다른 문헌에서도 발견되었기 때문입니다.[8] 무엇보다 마르코 복음서 전체가 원래 거칠고 투박한 그리스어 문체로 쓰였다는 점을 잊어서는 안 됩니다. 신학의 눈으로 보더라도 이 결말은 복음서 전체의 성격과 온전히 일치합니다. 복음서의 마지막 구절인 "그들은 두려워하고 있었다"('에포분토 가르'ἐφοβοῦντο γάρ)는 앞서 그가 했던 수많은 진술을 메아리처럼 다시 울려 줍니다. 마르코는 이야기

과도 비교해 보십시오. 『아이네이스』(숲).

7 이러한 견해는 아리스토파네스Aristophanes와 아리스타르코스Aristarchus가 처음 내놓았습니다. 다음을 참조하십시오. Denys Page, *The Homeric Odyssey* (Oxford: Clarendon Press, 1955), 101-36. G.S. Kirk, *The Songs of Homer* (Cambridge: Cambridge University Press, 1962), 248-51.

8 R.H. 라이트푸트R.H. Lightfoot는 다음 책에서 여러 사례를 인용합니다. R.H. Lightfoot, *Locality and Doctrine in the Gospels* (London: Hodder & Stoughton, 1938), 10-15. 이후 메난드로스Menander의 『디스콜로스』Dyscolos(437-438행), 플로티노스Plotinus의 『엔네아데스』Ennead 5.5, 키케로Cicero의 『아티쿠스에게 보낸 편지』Ad Atticum 12.12.2 등의 사례가 추가로 발견되었습니다. 이러한 예들은 대개 문장이나 절이 '가르'로 끝나는 경우를 가리키지만, "문장이나 문단이 '가르'로 끝날 수 있다면 책 한 권도 그렇게 끝날 수 있다"는 견해도 있습니다. 다음을 보십시오. P.W. van der Horst, 'Can a Book End with γάρ? A Note on Mark xvi.8', *JTS* NS23(1972), 121-124.

전반에 걸쳐 사람들이 예수를 마주했을 때 그를 두려워하고 이해하지 못했다고 강조해 왔습니다. 이제 이야기의 끝에서 여인들은 하느님께서 일으키신 가장 강력한 활동에 관한 소식을 접합니다. 그러니 그들이 두려움에 사로잡힌 것은 어찌 보면 당연한 일입니다.

'가르'로 끝나는 문장들 가운데 마르코 복음서 16장 8절과 놀라울 정도로 닮아 있는 두 가지 사례가 있습니다. 이는 마르코가 익히 알고 있었을 칠십인역LXX(구약성서의 그리스어 번역본)에서 발견됩니다. 첫 번째는 창세기 18장 15절의 사라 이야기입니다. 아브라함에게 아들이 생길 것이라는 말을 엿듣고 웃었던 사라는 정작 질문을 받자 웃지 않았다고 부인합니다. 성서는 그 이유를 "그녀가 두려워하였기 때문이다"('에포베데 가르'ἐφοβήθη γάρ)라고 기록하지요. 사라가 느낀 두려움의 실체는 그 앞 절에 명확히 드러납니다.

> 주님께서 아브라함에게 말씀하셨다. "어찌하여 사라가 웃으면서 '이 늙은 나이에 내가 어찌 아들을 낳으랴?' 하느냐? 나 주가 할 수 없는 일이 있느냐?" (창세 18:13~14)

무덤가의 여인들이 그랬듯 사라 역시 믿을 수 없을 정도로 놀랍고 압도적인 하느님의 창조 능력을 마주했기에 두려워했습니다. 마르코는 이 장면을 염두에 두었던 것일까요? 그렇다면 로마인들에게 보낸 편지 4장에서 사도 바울이 펼친 논증과도 흥미롭게 연결됩니다. 여기서 바울은 "죽은 이를 살리시고 없는 것을 있는 것으로 부르시는 하느님"(17절)을 향한 아브라함의 믿음을 부활 신앙과 동일시합니다.

그는 나이가 백 세가 되어서, 자기 몸이 죽은 것이나 다름없고, 또한 사라의 태도 죽은 것이나 다름없는 줄 알면서도, 그는 믿음이 약해지지 않았습니다. 그는 하느님의 약속을 믿고 의심하지 않았습니다. 오히려 그는 믿음이 굳세어져서 하느님께 영광을 돌렸습니다. 그는, 하느님께서 스스로 약속하신 바를 능히 이루실 것이라고 확신하였습니다. 그래서 하느님께서는 이것을 보시고 "그를 의롭다고 여겨 주셨습니다". "그가 의롭다는 인정을 받았다" 하는 말은, 아브라함만을 위하여 기록된 것이 아니라, 하느님께서 의롭다고 여겨 주실 우리, 곧 우리 주 예수를 죽은 사람들 가운데서 살리신 분을 믿는 우리까지도 위한 것입니다. 예수는 우리의 범죄 때문에 죽임을 당하셨고, 우리를 의롭게 하시려고 살아나셨습니다. (로마 4:19~25)

하느님의 선포를 마주한 인간은 사라나 여인들처럼 '두려움'에 사로잡힐 수도 있고, 아브라함이나 그리스도인들처럼 '믿음'으로 응답할 수도 있습니다.

두 번째 사례는 창세기 45장 3절에서 요셉이 형제들에게 정체를 밝히는 장면입니다. 죽은 줄로만 알았던 요셉이 살아 있다는 소식에 형제들은 대답조차 하지 못합니다. 성서는 그들이 "너무나 놀라 어찌할 바를 몰랐기 때문이다"('에타라크테산 가르'ἐταράχθησαν γάρ)라고 전합니다.[9] 여기서도 우리는 두려움에 압도당한 사람들을 봅니다. '누군가 살아 있다'는 선언은 듣는 이들을 압도하여 침묵으로 이끕니다. 그 소식의 뜻과 무게를 헤아릴 능력이 없기 때문입니다. 마르코 복음서 16장 8절에서 들려오는 저 구절들의 메아리가 설령 우연이라 할지라도, '가르'로 문장을 맺는 방식은 하느님의 거대한 신비를 묘사하기에 더없이 자연스럽고 적절한 마르코의 선택이었음을 알 수 있습니다.

마르코는 여인들이 보고 들은 일에 어떻게 반응했는지 생생하게 그려냅니다. 여인들은 무덤에 들어서자마자 낯선 청

---

9 몇몇 사본은 히브리어 본문을 더 밀접하게 따라 "그분의 현존에"라는 표현을 덧붙이기도 합니다.

년을 보고 "깜짝 놀랐습니다"('엑세탐베데산'ἐξεθαμβήθησαν, 5절).[10] 뒤이어 청년의 선포를 듣고는 부들부들 떨며 넋을 잃은 채 무덤에서 도망쳐 나옵니다(8절 상). '공포' 또는 '경악'으로 번역할 수 있는 '엑스타시스'ἔκστασις라는 단어는 마르코 복음서 전체에서 오직 5장 42절 한 곳에서만 쓰입니다. 거기서 마르코는 어린 소녀가 죽음에서 되살아난 사건을 목격하고 제자들이 보인 반응을 묘사하고자 이 말과 그 파생 동사를 함께 썼습니다. 같은 이야기 속에서 혈루증을 앓던 여인은 자신이 치유된 사실을 깨닫고 예수 앞에 서서 자신을 밝힐 때 "두려워 떨며"('포베테이사 카이 트레무사'φοβηθεῖσα καὶ τρέμουσα, 33절) 나아갑니다. 이렇듯 공포와 전율, 그리고 떨림은 하느님이 펼치시는 권능 앞에 선 인간이 보이는 지극히 자연스러운 반응입니다.[11] 그러므로 예수의 부활이라는 전대미문의 소식을 마주한 여인들이 저렇게 반응하는 건 결코 이상한 일이 아닙니다.

하지만 마르코가 남긴 마지막 단어는 여인들의 두려움을

---

10 이 동사는 9장 15절에서 변모 이후 예수께서 돌아오셨을 때 제자들이 보인 반응, 그리고 겟세마네 동산에서의 예수의 반응을 묘사할 때 쓰였으며 인간의 강렬한 감정을 나타냅니다.

11 마르 4:41, 5:15도 보십시오.

가리키고 있으며, 이 표현은 상당히 부정적인 뜻을 머금고 있습니다. 본래 하느님을 신뢰하는 이들이라면 두려움에 사로잡혀서는 안 되기 때문입니다.[12] 앞서 마르코는 딸이 죽었다는 소식을 접한 야이로에게 예수께서 어떻게 말씀하셨는지 묘사한 바 있습니다.

> 두려워하지 말고 믿기만 하여라. (마르 5:36)

그런데 지금, 당연히 죽었다고 여겼던 이의 무덤 앞에 선 여인들은 믿지 못한 채 두려워하고 있습니다. 공생애를 이어가는 내내 예수는 믿음 없는 사람들과 맞닥뜨렸습니다. 그런 상황에서 예수에게 굳건한 믿음을 내보인 이들은 주로 여인들이었고, 그들은 바로 그 믿음 덕분에 칭찬을 받았습니다.[13]

---

12 복음서 전체에 걸쳐 사람들은 예수의 비범한 권능을 마주했을 때 두려워했습니다('포베오마이'φοβέομαι, 마르 4:41, 5:15,33,36, 6:50). 제자들은 그분이 장차 겪을 고난과 죽음에 대해 말씀하시자 두려워했고(마르 9:32, 10:32), 적들은 그분을 이해하지 못해 두려워했습니다(마르 11:18,32, 12:12). 이러한 두려움은 믿음이나 이해의 부족과 자주 연결됩니다(마르 4:40, 5:17,36, 6:52, 9:6('엑포보스'ἔκφοβος와 함께),32, 11:18,32, 12:12).

13 마르 5:25~34, 7:24~30. 여인들은 헌신적인 태도로 칭송받기도 했으며(12:41~44, 14:3~9), 예수를 섬겼다고 언급됩니다(1:31, 15:41, 10:45 참조). 열두 제자처럼 이들도 갈릴리에서 예수를 따랐고 함께 예루살렘으로 올라갔으나(15:40~41), 예수께서 요구하신 사안들에 열두 제자들

그런데 이제는 그 여인들조차 가장 기쁜 소식을 믿지 못한 채 실패하고 마는 듯 보입니다. 제자들과 이름 없는 한 청년이 겟세마네 동산에서 달아났던 것처럼(마르 14:50,52) 여인들은 무덤에서 도망쳐 나옵니다. 그들은 "무서워서"ἐφοβοῦντο γάρ 아무에게도 아무 말도 못 합니다. 여기서 우리는 마르코 특유의 역설을 마주합니다. 이제까지 침묵하라는 지시를 받은 이들이 오히려 기쁜 소식을 견디지 못해 앞다투어 입을 열었지만, 정작 가장 기쁜 소식을 전해 듣고 나아가 말하라는 명령까지 받았음에도 여인들은 굳게 입을 닫아 버린 듯하기 때문입니다. 마르코 복음서 전체를 관통하며 예수께서 마주하셨던 인간의 실패는 맨 마지막 순간까지도 고스란히 자리 잡고 있습니다.

그러한 면에서 독자들이 마르코의 결말을 마주하며 불편함을 느끼는 것은 당연합니다. 독자로서 우리는 마르코가 판단을 내릴 근거가 될 만한 사실, 분명한 증거를 제시하기를 기대합니다. 다시 말해 우리는 다른 복음서 저자들이 그랬듯 부활하신 예수께서 어떻게 제자들에게 나타나셨으며, 제자들이 그분을 어떻게 알아보았는지 듣고 싶어 합니다. 하지

보다 더 수월하게 응답한 것으로 보입니다.

만 그러한 기대는 다른 복음서들이 맺은 결말에 의해 형성되었음을 잊지 말아야 합니다. 마르코를 제외한 다른 저자들은 부활하신 예수께서 직접 나타나시는 장면으로 이야기를 마무리 짓는 일이 적절하다고 판단했고 우리는 마르코도 그들처럼 글을 마무리하기를 기대합니다. 하지만 마르코는 (거의 확실히) '복음서'라는 글을 가장 먼저 쓴 인물, 이 독특한 문학 형식을 일군 개척자였습니다. 우리는 행복한 결말을 자연스럽게 여길지 몰라도, 마르코는 부활하신 분이 반드시 눈앞에 나타나야 한다고 생각하지 않았을 수 있습니다. 그는 이미 무덤이 비어 있고 예수께서 살아나셨다는 소식을 전했습니다.[14] 어쩌면 마르코는 빈 무덤과 부활 소식을 전하는 것만으로도 이야기를 맺기에 충분하다고 여겼을지 모릅니다. 애초에 그가 쓴 책 전체가 끝을 맺는 이야기가 아니라, 실상은 "예수 그리스도에 관한 복음의 시작"(마르 1:1)을 알리는 서막에 해당하니 말이지요.

이야기가 매끄럽게 갈무리되기를 바라는 독자 입장에서는 너무나도 곤혹스러운 지점에서 마르코가 붓을 놓은 것처

---

[14] 다음을 참조하십시오. R.H. Lightfoot, *The Gospel Message of St. Mark* (Oxford: Oxford University Press, 1950), 93. "마르코는 16장 1~8절에서 부활의 사실성을 온전히 표현했다."

럼 보입니다. 차라리 7절에서, 즉 젊은이가 부활을 선포하고 예수께서 하신 말씀을 일깨워 주며 제자들에게 소식을 전하라고 명령하는 장면에서 끝을 냈다면 결말이 이토록 받아들이기 어렵지는 않았을 것입니다. 그렇게 끝냈다면 적어도 분명하게 매듭은 지어진 셈이니 말이지요. 하지만 마르코는 여인들이 공포에 질려 도망치고, 자신들이 받은 명령을 따르지 못해 실패하는 장면에서 책을 끝맺습니다. 어쩌면 그에게 다른 곳이 아닌 그 지점에서 이야기를 멈춰 세워야 했던 분명한 이유가 있었던 것은 아닐까요?

마르코가 이야기를 풀어가는 방식을 다시 한번 차분히 들여다봅시다. 16장 1절에서 그는 안식일 다음 날 이른 아침, 무덤을 향해 길을 나선 세 여인의 이름을 밝히며 사건의 자초지종을 이야기하기 시작합니다. 여인의 이름은 막달라 마리아, 야고보의 어머니 마리아, 그리고 살로메였습니다. 이 세 여인은 이미 15장 40절에서 백부장과 함께 예수의 죽음을 지켜본 증인으로 등장하며,[15] 15장 47절은 "막달라 마리아와 요세의 어머니 마리아는, 어디에 예수의 시신이 안장되

---

15 여기서 두 번째 마리아는 "작은 야고보와 요세의 어머니"로 묘사됩니다.

는지를 지켜보고 있었다"고 기록합니다.[16] 마르코는 이전까지 이 여인들을 언급하지 않았으나 15장 41절에 이르러 그들이 그 자리에 왜 있었는지 설명합니다. 이들은 갈릴리에서부터 예수를 따르며 섬겼고 예루살렘까지 먼 길을 함께했습니다. 즉, 이 여인들은 따름과 섬김이라는 삶의 태도를 통해 스스로 예수의 참된 제자임을 증명해 온 셈입니다.[17] 예수께서 분명 숨을 거둔 모습과 그분을 모신 무덤이 어디인지 지켜본 증인들이었기에 여인들이 텅 빈 무덤을 확인하는 증인이 되는 일은 이야기 흐름상 자연스럽습니다. 그러나 예수의 시신에 향유를 바르겠다는, 어찌 보면 터무니없어 보이는 계획을 품고 무덤으로 향할 때 그들은 무덤이 비어 있으리라고는 꿈에도 생각하지 못했음이 분명합니다. 게다가 여인들은 몰랐겠지만, 시신에 향유를 바르는 일 자체가 불필요했습니다. 예수가 무덤에 묻힐 때 받아야 할 단 한 번의 향유는 앞선 이야기에서 한 여인이 이미 발라 두었기 때문입니다.

---

16 서방 사본Western Text에는 '야고보'로, 다른 사본들에는 '야고보와 요세'로 기록되어 있습니다.

17 여기서 쓰인 동사는 '디아코네오'διακονέω인데, 마르코 복음서 10장 45절에서 인자가 몸소 행한 섬김을 묘사할 때도 등장합니다. 그밖에는 1장 13절, 31절에서만 이 동사를 찾아볼 수 있습니다.

이 여자는, 자기가 할 수 있는 일을 하였다. 곧 내 몸에 향유를 부어서, 내 장례를 위하여 할 일을 미리 한 셈이다. (마르 14:8)

여인들은 자신들이 계획한 일을 해내기가 사실상 불가능하다는 점을 강조라도 하듯 "누가 우리를 위하여 그 돌을 무덤 어귀에서 굴려 내 주겠는가?"(마르 16:3)하고 걱정하며 묻습니다. 이 질문도 독자에게는 의아하게 들립니다. 정말 돌을 치우는 데 도움이 필요하다면 자기들보다 힘이 센 누군가를 처음부터 데려가야 마땅하기 때문이지요. 그러한 면에서 "그 돌은 엄청나게 컸다"는 4절의 언급은 나중에 끼워 넣은 말처럼 보이기도 합니다. 하지만 이 질문과 설명은 사람의 손길 없이 커다란 돌이 치워져 있었다는 놀라운 사실을 돋보이게 하지요.

빈 무덤을 확인한 여인들은 그곳에 앉아 있던 한 젊은 남자에게 예수께서 살아나셨다는 소식을 듣습니다. 이 젊은 남자는 과연 누구일까요? 마태오는 그를 천사라고 밝히며, 그가 입은 흰옷 역시 그가 하늘에 속한 존재임을 암시합니다(마르 9:3 참조). 하지만 마르코는 그를 그저 젊은이('네아니스코스'νεανίσκος)라고 부릅니다. 흥미롭게도 마르코는 이 단어를 겟세마네 동산에서 겉옷을 버리고 달아난 청년(마르 14:51) 을 가리키며 쓴 바 있습니다. 옷을 입고 있다('페리베블레메노 스'περιβεβλημένος)는 표현도 두 장면을 긴밀히 잇는 하나의 연결고리입니다. 겟세마네의 청년은 아마포('신돈'σινδών)를 두르고 있었는데, 이 단어는 보통 죽은 이를 감싸는 수의를 뜻합니다. 15장 46절에서 아리마태아 사람 요셉이 예수의 시신을 감싸기 위해 샀던 수의를 가리킬 때도 이 단어가 쓰였지요. 겟세마네에 등장한 이름 없는 청년은 마르코 복음서의 오랜 수수께끼 중 하나입니다. 무덤가에서 마주친 젊은이와 저 청년은 어떤 관계일까요? 마르코가 분명히 두 사람을 동일한 인물로 보게끔 의도했다는 증거는 없습니다. 하지만 그가 선택한 말들은 예수께서 죽음에 이르시기까지 겪으신 사건들을 묘사한 앞의 이야기들로 독자를 되돌려 보냅니다. 겟세마네의 청년이 예수의 죽음이라는 결말에 걸맞은 옷차림을 하고 있었다면, 무덤의 젊은이는 부활을 선포하기에 걸맞은 옷차림을 하고 있는 셈입니다.[18]

겟세마네 동산에서 마주친 청년의 정체보다 우리를 더 깊

18 다음을 참조하십시오. Andrew T. Lincoln, 'The Promise and the Failure: Mark 16.7, 8', *JBL* 108 (1989), 283-300(특히 288). William R. Telford(ed.), *The Interpretation of Mark* (Edinburgh: T. & T. Clark, 1995), 229-251(특히 233쪽)에 재수록.

은 미궁에 빠뜨리는 부분이 있습니다. 바로 16장 8절에서 여인들이 "아무에게도 아무 말도 못 하였다"는 마르코의 진술이지요. 이 문장의 표면상 의미는 명확합니다. 여인들이 침묵했다는 뜻이지요. 여기에도 흥미로운 전례가 있습니다. 1장 44절에서 예수께서는 나병 환자를 고치며 말씀하십니다.

> 아무에게도 아무 말도 하지 말아라. 가서, 제사장에게 네 몸을 보이고, 네가 깨끗하게 된 것에 대하여 모세가 명령한 것을 바쳐서, 사람들에게 증거로 삼도록 하여라. (마르 1:44)

그분은 제사장에게 말하는 일까지 막지는 않으셨습니다. 그렇다면 마르코 역시 여인들이 제자들을 제외한 나머지 사람들에게는 아무 말도 하지 않았다는 의미로 이 구절을 적었을까요? 그렇다면 여인들이 제자들에게 소식을 전했다는 설명이 뒤따라야 자연스럽겠지요. 어떤 학자들은 마르코가 반드시 제자들이 부활을 선포해야 한다고 보았기에 여인들이 소식을 전하게 하지 않았다는 의견을 제시하기도 합니다.[19] 하

---

19 다음을 보십시오. Ulrich Wilckens, *Resurrection* (Edinburgh: Saint Andrew Press, 1977), 34-35. Reginald H. Fuller, *The Formation of the Resurrection Narratives* (London: SPCK, 1972), 64.

지만 이러한 주장은 마르코가 실제로 쓴 내용을 완전히 뒤집어 버리는 처사입니다. 여인들은 분명 젊은이에게 가서 전하라는 명령을 받았습니다. 이렇게, 여인들이 보인 기묘한 침묵을 어떻게든 합리적으로 설명해 보려는 모든 시도는 실패로 돌아가고 맙니다.

그럼에도 1장 44절에서 나병 환자에게 예수께서 하신 말씀은 여전히 흥미롭습니다. 주님의 명령을 지키지 않았다는 점을 공유하기 때문입니다. "아무에게도 아무 말도 하지 마라"는 지시는 곧이어 일어난 일과 극명한 대조를 이룹니다. 고침받은 환자는 "나가서, 모든 일을 널리 알리고, 그 이야기를 퍼뜨"(마르 1:45)립니다. 이 복음서에서 사람들은 예수께서 침묵하라고 명령하심에도 불구하고 번번이 그 명령을 무시합니다.[20] 그분이 마지막으로 침묵을 명령하신 때는 영광스러운 모습으로 변모하신 사건(마르 9:9) 후, 세 제자에게 당부하시면서입니다. 그들은 "인자가 죽은 사람들 가운데서 살아날 때까지는, 본 것을 아무에게도 이야기하지 말라"(마르 9:9)는 지시를 받습니다. 이제 예수께서 되살아나셨으니 비로소 무슨 일이 일어났는지 선포해야 할 때가 도래했습니다.

---

20 다음을 보십시오. 마르 1:34, 3:12, 5:43, 7:36, 8:26,30.

그런데 정작 그 순간 여인들은 입을 굳게 다뭅니다. 하지만 우리는 절망하지 않습니다. 앞선 이야기들에서 예수를 둘러싼 비밀이 끝내 비밀로 지켜지지 않았듯, 하느님께서는 이 비밀을 감춰진 채로 내버려두지 않으실 것이기 때문입니다.

마르코는 여인들의 침묵과 두려움으로 복음서의 문을 닫음으로써 두 요소, 침묵과 두려움을 강조하고 싶었음을 넌지시 일러 줍니다.[21] 그는 독자들에게 믿음을 촉구함과 동시에 그들이 인간으로서 의지하던 모든 버팀목을 가차 없이 걷어차 버립니다. 제자들은 무덤에 오지 않습니다. 예수께서 어디에 묻히셨는지 아는 사람들은 (아리마태아 요셉을 빼면) 여인들뿐입니다. 그리고 그들은 침묵합니다. 설령 그들이 다른 이들에게 소식을 전했다 한들, 당시 사람들은 그들의 증언을 믿지 않았을 것입니다. "나자렛 사람 예수"(마르 16:6)를 찾으려 하는 이들은 무덤에서 그분을 찾지 못할 것입니다. 그분은 "여기에 계시지 않"(마르 16:6)기 때문입니다. 예수를 찾는 이들은 다른 사람의 증언에 기대지 말고 스스로 그분을 찾아나서야 합니다.

---

21 Thomas E. Boomershine, Gilbert L. Bartholomew, 'The Narrative Technique of Mark 16,8', *JBL* 100 (1981), 213-223. 여기서는 마르코가 이야기 끝에 단순하고 짧은 문장을 사용한 것이 독자에게 최대한 긴장감을 불어넣으려는 의도가 담긴 기법이라고 주장합니다(220).

예수는 "여기에 계시지 않"습니다. 다시 살아나셨기 때문입니다. 그렇다면 그분은 지금 어디에 계시는 걸까요? 마르코는 누가 보아도 이야기의 절정이라고 여길 만한 순간 직전에 이야기를 끊어버립니다. 그리고 독자들이 부활하신 주님을 애타게 기다리게 만듭니다. 이는 그가 복음서 곳곳에서 보여 준 서술 방식과 일맥상통합니다. 마르코는 복음서 전반에 걸쳐 여러 갈래로 해석할 수 있는 이야기들을 들려주었습니다. 예수의 권능이 성령에게서 왔는지, 사탄에게서 왔는지(마르 3:20~30), 하느님께서 주신 권위로 가르치시는지, 아닌지(마르 11:27~33), 메시아이자 하느님의 아들이신지, 아닌지 독자가 묻게 했지요. 물론 그는 자신이 사건들을 어떻게 해석하는지 넌지시 이야기했습니다. 하지만 동시에 사람들이 예수를 거부했다는 사실도 계속 들려주었습니다. 그렇게 그는 이야기가 품고 있는 참된 의미를 헤아리려면 믿음의 눈과 귀가 필요하다고 역설합니다. 마르코는 시종일관 스스로 믿음이라는 결정적인 발걸음을 내디디라고 독자에게 촉구합니다. 책의 마지막 문단에서는 우리에게 몇 가지 단서를 놓아줍니다. 첫째는 비어 있는 무덤이고 둘째는 청년이 여인들에게 건넨 전언이며 셋째는 예수께서 제자들에게 나타나시리라는 약속입니다. 하지만 이야기는 여전히 여러 해석의 가능성을 열어두고 있지요. 그렇기에 누군가는 이 증거들을 부정적으로 읽어낼 수도 있습니다. 저 전언이 참임을 우리는 어떻게 알 수 있을까요. 예수는 무덤에 있지 않지만, 어쩌면 누군가 시신을 다른 곳으로 빼돌리지 않았을까요. 게다가 전언은 정체를 알 수 없는 전령에 의해, 소식을 전하지도 못했을 뿐만 아니라 증인으로 인정받지 못하는 여인들에게 전달되었습니다. 설득력 있는 증거라고는 할 수 없지요. 그렇다면 이 이야기는 거짓일까요? 제자들이 예수를 보게 되리라는 약속은 겉으로 보기에는 이루어지지 않은 듯합니다. 하지만 그 약속이 정말로 이루어지지 않은 것일까요?[22] 그렇지 않습니다. 마르코는 여인들이 두려움에 사로잡혀 입을 닫았다고 기록했지만, 결국 그들은 제자들에게 그 소식을 전했음이 분명합니다. 지금 우리가 부활 이야기를 접하고 있다는 사실 자체가 소식이 끊기지 않고 누군가에게 전해졌음을 증명하기 때문입니다.

---

22 T. J. 위든T. J. Weeden은 마르코가 '제자들은 천사의 전언을 끝내 전달받지 못했고, 따라서 부활하신 주님을 결코 만나지 못했다'는 사실을 우리에게 전달하려 했다고 주장합니다. 하지만 이러한 제안은 모든 증거에 반합니다. 바울이 고린토인들에게 보낸 첫째 편지 15장 1~7절에서 보고한 전승은 당시 이미 널리 알려져 있었을 것이며, 마르코가 이를 모른 척 지나쳤을 리도 만무합니다. Theodore J. Weeden, *Mark: Traditions in Conflict* (Philadelphia: Fortress, 1971), 50.

그렇다면 마르코 복음서가 제시하는 증거들을 어떻게 해석해야 할까요? 소식이 참인지 거짓인지 어떻게 알 수 있을까요? 예수께서 정말로 살아나셨는지 어떻게 알 수 있을까요? 마르코는 예수께서 제자들에게 나타나셨다고 일러 줄수도 있었습니다. 하지만 그렇게 썼다면, 제자들이 어떻게 예수께서 살아 계심을 설득당했는지 알려 주는 데 그쳤을 것입니다. 제자들이 설득되었다고 해서 다른 이들까지 설득되지는 않는 법이지요. 마르코는 복음이 참되다는 점을 우리가 받아들이도록 설득하고, 부활하신 주님을 만나도록 초대하는 데 온 마음을 쏟습니다. 그래서 그는 독자들이 증거를 해석할 수 있도록 몇 가지 단서를 남겨 둡니다. 먼저 무덤의 돌은 이미 굴려져 있었습니다. 그리고 여인들은 분명 이 일을 하지 않았습니다. 무덤은 비어 있었습니다. 그렇다면 우리는 어디서 예수를 찾아야 할까요? 청년이 여인들에게 맡긴 전언(7절)은 예수께서 제자들보다 먼저 갈릴리로 가시겠다고 하신 약속(마르 14:28)을 일깨워 줍니다. 고난과 죽음에 관해 그분이 하셨던 말씀이 모두 그대로 이루어졌으니 이 약속 또한 신뢰해야 마땅하지 않겠습니까?

무엇보다 가장 분명한 단서는 제자들에게 보낸 전언 그 자체에 담겨 있습니다. 제자들이 부활하신 주님을 뵙고자 한다면 믿음으로 응답해야 한다는 것이지요. 제자들은 갈릴리로 가야 합니다. 순종한다면 그들은 예수를 보게 될 것입니다. 다시 한번 말하지만 이러한 전개는 마르코 복음서의 전체 흐름을 이해하고 나면 지극히 자연스럽게 다가옵니다. 예수께서 중풍 병자에게 명하셨던 장면을 떠올려 보십시오.

> 내가 네게 말한다. 일어나서, 네 자리를 걷어서 집으로 가거라. (마르 2:11)

걷지 못하는 이에게 일어나 걸으라는 말은 터무니없습니다. 그러나 그는 믿었고 순종했습니다. 손이 오그라든 사람에게 손을 내밀라고 하셨던 말씀(마르 3:5)도 마찬가지입니다. 터무니없는 명령이지요. 그러나 그 역시 믿었고 순종했습니다. 가장 당혹스럽고, 그만큼 놀라운 순간은 죽은 아이에게 일어나라고 명하셨을 때일 것입니다.

> 예수께서는 그들을 다 내보내신 뒤에, 아이의 부모와 일행을 데리고, 아이가 있는 곳으로 들어가셨다. 그리고 아이의 손을 잡으시고 말씀하셨다. "달리다굼!" (이는 번역하면 "소녀야, 내가 네게 말한다. 일어나거라" 하는 말이다.) (마르 5:40~41)

믿고 순종하지 않으면 아무 일도 일어나지 않습니다. 고향 사람들이 도무지 믿으려 하지 않았기에 예수께서는 그곳에서 몇몇 병자만 치유하셨습니다.

> 예수께서는 다만 몇몇 병자에게 손을 얹어서 고쳐 주신 것 밖에는, 거기서는 아무 기적도 행하실 수 없었다. 그리고 그들이 믿지 않는 것에 놀라셨다. (마르 6:5~6)

마르코가 보기에 사람들이 믿고 순종하지 않는 한 부활하신 주님을 볼 길은 없습니다. 그가 훗날 기록된 요한 복음서를 보았다면 그곳에 있는 구절로 자신의 복음서를 갈음하고 싶었을지도 모릅니다.

> 보지 않고도 믿는 사람은 복이 있다. (요한 20:29)

하지만 마르코 복음서의 마지막 대목과 복음서 앞부분에 등장한 여러 이야기 사이에는 결정적인 차이가 하나 있습니다. 마르코는 중풍 병자가 일어나 걷고, 손이 오그라든 사람이 손을 움직일 수 있었으며, 죽은 아이가 자리에서 일어났다고 분명하게 그 결과를 들려줍니다. 하지만 이번에는 제자들이 갈릴리로 가서 예수를 만났는지 말해주지 않지요. 그렇다면 왜 마르코는 누가 보아도 절정이라고 여길 만한 순간 직전에 이야기를 끊어버린 것일까요? 왜 우리를 부활하신 주님을 기다리는 자리에 그대로 남겨 둔 것일까요? 어쩌면 그는 독자인 우리 자신이 그분을 뵙기 위한 여정을 직접 시작하기를 바랐던 것일지 모릅니다. 우리 각자가 이 미완의 이야기를 스스로 완성해 나가기를 요구하는 것이지요. 마르코가 남긴 결말은 매듭지어지지 않은 듯 보여서 우리를 불편하게 만듭니다. 우리는 이 책의 마지막 장을 어떻게든 완결 짓고 싶어 하며 실은 바로 이것이 마르코가 의도한 지점이기도 합니다.[23] 우리가 마르코에게 바라는 결말은 예수의 부활이 사실임을 입증할 구체적인 증거입니다. 그러나 마르코가 독자에게 요구하는 결말은 다름 아닌 믿음의 응답입니다. 기꺼이 믿고자 하고 신앙의 여정에 오르는 이들만이 비로소 부활하신 주님을 마주하게 될 것이라고 말하는 셈입니다.[24]

---

23 다음을 참조하십시오. Norman R. Petersen, 'When is the End not the End? Literary Reflections on the Ending of Mark's Narrative', *Interpretation* 34 (1980), 151-166, "서술자는 독자가 응답하도록 강요한다"(153).

24 이와 관련해 우리의 기대를 충족시키지 못하는 소설에 대한 프랭크 커모드Frank Kermode의 논평은 주목할 만합니다. "독자는 손쉬운 만족이 아니라 창조적 협력을 향한 도전을 받는다." Frank Kermode, *The Sense of an Ending* (New York: Oxford University Press, 1967), 19.

마르코가 의도한 바를 깊이 이해하려면 초기 그리스도교 공동체가 이 복음서를 골방에서 홀로 읽지 않고 공동체 안에서 함께 읽었다는 사실을 기억해야 합니다. 누군가 소리 내어 읽으면 다른 이들이 귀 기울여 들었습니다. 지금까지 독자라는 표현을 쓰기는 했지만, 초기 그리스도교 공동체의 구성원들은 엄밀히 말해 '청자'였습니다. 마르코 복음서는 마치 사람들의 눈앞에서 펼쳐지는 한 편의 연극처럼 강렬하게 청중의 마음을 뒤흔들었을 것입니다.

이야기 맨 처음에서 우리는 낙타 털옷을 입고 요르단강가에 서 있는 세례자 요한을 만납니다. 그는 무대 밖 누군가를 가리키며 자신보다 더 위대한 이가 오리라고 외칩니다. 그리고 그 외침에 부응하듯 예수께서 무대 위로 등장하십니다. 이제 이야기의 맨 끝자락에서 우리는 흰옷을 입고 무대 밖 갈릴리를 가리키며 말하는 젊은이를 마주합니다. 그는 외칩니다.

그러니 그대들은 가서, 그의 제자들과 베드로에게 말하기를 그는 그들보다 먼저 갈릴리로 가실 것이니, 그가 그들에게 말씀하신 대로, 그들은 거기에서 그를 볼 것이라고 하시

오."[25] (마르 16:7)

그런데 왜 하필 갈릴리로 가야만 할까요? 어떤 학자들은 여기서 젊은이가 일깨운 예수의 말씀이 부활 현현을 가리키는 게 아니라고 주장합니다. 대신 그들은 마르코가 그 말씀을 예수께서 제자들을 이끌고 갈릴리로 가시겠다는 굳은 약속으로 받아들였다고 이야기하지요. 즉, "갈릴리"는 이방 세계를 상징하며 13장 10절에서 언급한, 앞으로 다가올 이방인 선교에 대한 예언이라는 것입니다.[26] 분명 이사야서 9장 1절은 "이방 사람이 살고 있는 갈릴리"를 언급하며, 마태오는 실제로 이 구절을 인용하기도 합니다(마태 4:15~16). 그러나 마르코는 이 구절을 인용하지 않습니다. 마르코에게 갈릴리는 예수께서 활동하셨던 구체적인 현장일 뿐 그가 다른 무언가를 가리키는 상징으로 이해했다는 흔적은 어디에서도 찾아볼 수 없습니다.

---

25 1장에서 우리는 성서의 인용과 세례자 요한의 증언을 접하며 예수께서 나타나셨을 때 그가 바로 성서와 요한이 말한 그분임을 알게 됩니다. 16장에서 우리는 빈 무덤과 젊은이의 증언을 접합니다. 이번에는 예수께서 직접 나타나지 않으시더라도 다시 한번 단서들을 종합하여 생각할 것을 요청받습니다.

26 이를테면 다음을 들 수 있습니다. C. F. Evans, 'I Will Go Before You Into Galilee', *JTS* NS 5 (1954), 3-18.

어떤 이들은 이 말씀이 주님의 재림('파루시아'παρουσία)을 가리킨다는 제안을 하기도 합니다.[27] 제자들이 주님을 보게 될 것('옵세스테'ὄψεσθε)이라는 약속은 인자가 구름을 타고 오는 장면을 묘사할 때(마르 13:26) 쓰인 "볼 것이다"('옵손타이'ὄψονται)라는 표현과 14장 62절에 나오는 "보게 될 것이다"('옵세스테'ὄψεσθε)라는 표현을 떠올리게 합니다. 이 가설에 따르면 마르코가 8절에서 서술을 멈춘 이유는 명확합니다. 제자들이 주님을 뵙게 될 재림은 아직 일어나지 않은, 여전히 기다려야 할 미래의 사건이기에 그 장면을 차마 묘사할 수 없었다는 것이지요.[28] 하지만 이러한 설명 역시 설득력이 떨어집니다. 마르코 복음서 14장 28절은 해당 약속을 부활과 명백히 연결하고 있으며 마르코의 초기 해석자라 할 수 있는 마태오 역시 이를 부활 사건으로 이해했습니다. 마르코가 재림을 기다리게 하려고 제자들을 갈릴리로 보냈고, 그들이 지금도 그곳에서 예수를 기다리고 있다고 가정해야 할까요? 마르코 복음서 13장에 기록된 재림에 관한 가르침은 끝이 아직

---

27 다음을 참조하십시오. Ernst Lohmeyer, *Das Evangelium des Markus* (Göttingen: Vandenhoeck & Ruprecht, 1967), 해당 구절 주석.

28 Willi Marxsen, *Mark the Evangelist* (Nashville and New York: Abingdon, 1969), 85.

오지 않았음을 강조하며(마르 13:7) 그전에 제자들이 모든 민족에게 복음을 선포해야 한다는 사명을 일깨워 줍니다(마르 13:10). 이를 고려하면 무덤가에서 나온 말은 당시 제자들보다는 마르코와 같은 시대를 살아가던 그리스도인들을 향해 던져진 이야기로 보는 것이 타당합니다.[29] 게다가 재림의 장소가 갈릴리여야 할 이유도 충분치 않습니다. 전통의 관점에서 보자면 올리브산(감람산)이 재림을 기다리기에 훨씬 더 적절한 장소였지요.[30]

그렇다면 왜 하필 갈릴리일까요? 가장 설득력 있는 설명은 예수가 생전에 활동했던 주 무대가 갈릴리이기 때문이라는 것입니다. 마르코 복음서의 문을 여는 1장 14절에서 예수께서는 갈릴리에 당도해 기쁜 소식을 선포하셨습니다.

> 예수께서 갈릴리에 오셔서, 하느님의 복음을 선포하셨다.
> "때가 찼다. 하느님의 나라가 가까이 왔다. 회개하여라. 복음을 믿어라." (마르 1:14~115)

이제 이야기의 맨 끝자락에서 제자들은 그곳으로 다시 돌아

---

29 막셴은 이렇게 전언을 설명합니다.

30 즈카 14:4~5 참조.

가라는 명령을 받습니다.

예수께서 여인들을 통해 보내신 전언을 들은 마르코의 첫 청중은 그분이 갈릴리에서 제자들을 처음 부르시던 순간들을 떠올렸을 것입니다. 나아가 이 전언이 제자의 길을 처음부터 다시 시작하라는 부름이었음을 깨달았을 테지요. 이 초대는 비단 과거의 인물들뿐만 아니라 이 이야기를 접하는 모든 이에게 유효합니다. 누구든 기꺼이 주님을 따르고자 마음먹는다면 그들 역시 부활하신 그리스도를 보게 될 것입니다.

마르코 복음서의 결말은 우리를 다시 이야기의 시작점으로 되돌려 보냅니다. 우리는 한 바퀴를 돌아 제자리로 돌아왔고 제자들은 제자도라는 고통스러운 교훈을 처음부터 다시 배워야만 합니다. 그러나 이번에는 다릅니다. 인자의 죽음과 부활에 비추어 본다면 그분의 가르침을 이해할 수 있기 때문입니다. "그가 그들에게 말씀하신 대로"(마르 16:7)라는 구절은 제자들이 예수께서 가르쳐 주신 내용을 기억의 심연에서 길어 올리도록 촉구합니다. 제자들은 예수께서 하신 말씀을 기억하고 갈릴리로 돌아가야 합니다.

젊은이가 건넨 전언에는 이야기의 시작과 끝, 그 사이에 일어났던 일들을 일깨우는 단서들이 박혀 있습니다. 예수께서는 제자들보다 먼저 가시고('프로아게이'προάγει), 제자들은 그분을 따라야 합니다. 예수께서 예루살렘으로 향하는 길('호도스'ὁδός)에서 제자들보다 먼저 가셨던('프로아곤'προάγων) 장면을 떠올리게 합니다.[31]

> 그들은 예루살렘으로 올라가고 있었다. 예수께서 앞장서서 가시는데, 제자들은 놀랐으며, 뒤따라가는 사람들은 두려워하였다. (마르 10:32)

그때 제자들은 놀라고('에탐분토'ἐθαμβοῦντο) 두려워했습니다 ('에포분토'ἐφοβοῦντο). 제자도의 무게를 감당할 준비가 되지 않았기 때문입니다. 이제 무덤에서 여인들은 그때처럼 놀라고('엑세탐베테산'ἐξεθαμβήθησαν, 5~6절 참조) 두려워합니다('에포분토'ἐφοβοῦντο, 8절). 복음서 내내 제자들은 깨달음이 더뎠고 완고한 마음 때문에 예수께 거듭 꾸지람을 들었습니다.[32] 그리고 결정적인 순간에 그들은 모두 예수를 버리고 달아났습니

---

31 마르코에게 '호도스'ὁδός는 단순한 '길'이 아니라 주님의 길(마르 1:23, 12:14)이자 예수께서 예루살렘으로 올라가신 길(마르 9:33~34, 10:17,32,46, 11:8)이며, 따라서 제자의 길(10:52, 사도 9:2, 18:25~26, 19:9,23, 22:4, 24:14,22 참조)을 뜻합니다.

32 마르 4:13,40, 7:18, 8:14~21, 9:19를 보십시오. 마르 6:52, 10:32~45도 참조.

다. 철저히 실패한 것이지요. 베드로는 멀찍이서나마 뒤를 쫓을 만큼 용기를 내보기도 했지만 결국 자신은 제자가 아니라고 세 번이나 부인하고 말았습니다. 그런데 이제, 놀랍게도 모두가 다시 시작할 기회를 받습니다. 청년은 콕 집어 예수의 제자들과 베드로를 부릅니다. 주님을 모른다고 부정했던 베드로가 그 이름 그대로 다시 부름을 받은 것입니다. 그는 동료들과 함께 예수의 약속을 기억하라는 지시를 받습니다. 그분은 말씀하셨습니다.

> 너희가 모두 걸려서 넘어질 것이다. 성경에 기록하기를 '내가 목자를 칠 것이니, 양 떼가 흩어질 것이다' 하였기 때문이다. 그러나 내가 살아난 뒤에, 너희보다 먼저 갈릴리로 갈 것이다. (마르 14:27~28)

결코 예수를 버리지 않겠노라 장담하던 베드로는 그분에게 이미 자신이 실패하고 그분을 부인하게 되리라는 경고를 들은 바 있습니다.

> 베드로가 예수께 말하였다. "모두가 걸려 넘어질지라도, 나는 그렇지 않을 것입니다." 예수께서 그에게 말씀하셨다.

"내가 진정으로 너에게 말한다. 오늘 밤에 닭이 두 번 울기 전에, 네가 세 번 나를 모른다고 할 것이다." 그러나 베드로는 힘주어서 말하였다. "내가 선생님과 함께 죽는 한이 있을지라도, 절대로 선생님을 모른다고 하지 않겠습니다." (마르 14:29~31)

더 거슬러 올라가면 예수께서는 누구든 당신을 부끄럽게 여기면 심판의 날에 인자도 그를 부끄럽게 여길 것이라고 엄히 경고하셨습니다(마르 8:38). 그러나 놀랍게도 복음서의 결말에 놓인 전언은 베드로에게 전혀 다른 이야기를 전합니다. 예수께서는 베드로를 당신의 제자로 인정하기를 결코 부끄러워하지 않으신다고 말이지요. 베드로는 또 한 번의 기회를 받은 셈입니다. 전언은 그에게 이런 식으로 다가갔을 것입니다. "베드로야, 툴툴 털고 일어나라. 네가 처음 제자로 부름받았던 갈릴리로 돌아가 다시 시작해라. 다만 이제 너는 십자가에 못 박히셨다가 다시 살아나신 주님을 따르게 될 것이다." 청년이 건넨 전언은 단순히 부활을 알리는 소식이 아닙니다. 예수의 죽음과 부활을 통해 비로소 누리게 된 용서의 선포입니다.

마르코 복음서는 인간의 참담한 실패로 끝을 맺습니다.

그러나 예수께서 제자들을 용서하셨다면, 믿지 못하고 두려워한 여인들 역시 용서하실 것입니다. 인간의 실패와 불순종에도 불구하고 하느님께서는 당신의 권능으로 이미 승리를 거두셨습니다. 여인들이 끝내 입을 떼지 못했다는 사실 따위가 그 승리를 꺾을 수는 없습니다.

마르코가 전하는 복음 이야기를 귀 기울여 들었던 최초의 독자들은 예수의 부활이라는 기쁜 소식을 듣고 응답한 이들이었기에 여인들의 나약한 면모가 하느님의 원대한 목적을 꺾을 수 없음을 잘 알고 있었습니다. 나아가 그들은 부족한 자신들 역시 하느님의 목적을 꺾을 수 없다는 사실을 잘 알고 있었습니다. 그들 역시 실패하더라도 용서받을 수 있습니다. 복음을 선포하며 아무리 자주 몰이해라는 벽에 부딪히더라도, 제자들이 아무리 실패하더라도 복음은 끝내 승리할 것입니다. 결국 '마지막 말'은 8절에 기록된 인간의 실패가 아니라 7절에서 울려 퍼진 하느님의 선포입니다. 그 말씀은 언제나 그분의 입술에서 나오고 있기 때문입니다.

갈릴리로 가라.

마르코가 전한 이야기의 결말은 우리를 다시 이야기의 시작점으로 되돌려 보냅니다. 그리고 우리가 복음서를 읽어오는 동안 마음에 새겼던 교훈들을 다시금 떠올리게 합니다. 동시에 이 결말은 미래를 향해 열려 있습니다. 이 결말은 믿음의 길을 나서는 모든 이에게 부활하신 주님을 마주하게 될 것이라는 약속을 건네고, 과거의 실패를 용서받을 것이라고 확신하게 해줍니다. 제자들은 예수를 따라 죽음의 자리까지 나아가는 데 실패했습니다. 여인들 역시 실패했을지 모릅니다. 그러나 이제는 또 다른 이들이 부름을 받아 제자가 되고 복음을 전할 차례입니다. 무덤가의 청년이 건넨 전언은 마르코의 글을 읽는 우리에게 주님께서 주시는 명령이기도 합니다. 우리 역시 같은 제자의 길을 걷고 이 기쁜 소식을 이웃에게 전하라는 엄숙한 명령을 받았습니다.

마르코 복음서는 "예수 그리스도에 관한 복음의 시작"이라는 장엄한 선언으로 그 문을 열었습니다. 이 책의 결말이 유보된 것처럼 느껴진다면 아마도 이 이야기가 신앙인들의 삶을 통해 현재진행형으로 쓰이고 있기 때문일 것입니다. 마르코는 이야기합니다.

아직 끝은 아니다. (마르 13:7)

끝이 오기까지 이야기는 계속 이어집니다. 마르코의 독자들에게는 아직 이루어지지 않은 또 하나의 약속이 남아 있습니다. 바로 인자가 재림하실 때 비로소 이야기가 종결될 것이라는 약속입니다.[33]

우리를 다시 시작점으로 되돌려 보냄으로써 마르코가 맺은 결말은 자신의 복음서를 다시, 한 번이 아니라 거듭 되풀이하여 읽으라는 초대가 됩니다. 그리고 그렇게 할 때마다 우리는 그의 이야기가 품은 새로운 통찰을 발견하게 될 것입니다.

우리는 탐구를 멈추지 않으리니

그 모든 탐구의 끝은

처음 시작했던 곳에 도달하여

비로소 그곳을 처음으로 알게 되는 것이라.

추가된 마르코 복음서의 결말에 관하여

고대에도 마르코 복음서의 수많은 독자는 마르코가 남긴 열린 결말에 당혹감을 느꼈습니다. 마태오와 루가는 여인들

---

33 Andrew T. Lincoln, 'The Promise and the Failure' 참조.

이 무덤에 찾아간 사건을 다룬 마르코의 기록을 각색하고 새로운 내용을 덧붙였습니다. 마르코 복음서를 필사하던 이들은 아예 다른 결말들을 끼워 넣기도 했지요. 후기 그리스어 사본들과 몇몇 번역본에서 발견되는 결말은 그 내용이 매우 간결합니다. 이 짧은 결말은 마르코가 쓴 마지막 문장을 뒤집어 버림으로써 여인들이 침묵했다는 문제를 단번에 해결해 버립니다. 다만 "간추려"라는 말을 덧붙여 부정의 강도를 조금 부드럽게 누그러뜨리지요.

> 그 여자들은 베드로와 그의 동료들에게 가서 그들이 들은 모든 것을 간추려 이야기해 주었다. (마르 16:20)

이 구절은 마르코 복음서 16장 7절에서 베드로를 따로 불렀던 대목을 이어받습니다. 하지만 여기서 베드로는 더는 용서를 받고 제자 무리에 다시 안겨야 할 겉도는 인물이 아닙니다. 그는 공동체의 중심이자 지도자로 우뚝 서 있습니다.

여기에 하나가 더 덧붙여지는데, 이는 마태오 복음서 28장 16절에서 20절까지 기록된 전승을 바탕으로 삼은 것처럼 보입니다. 여기에 따르면 예수께서는 "베드로와 그 동료들"을 통해 "영원한 구원을 선포하는 거룩한 불멸의 말씀을" 온 세상에 보내셨습니다. 익명의 편집자는 이렇듯 짧은 몇 마디를 통해 마르코의 열린 이야기를 갈무리하며 완벽한 마침표를 찍었습니다. 제자들은 (이제는 헬레니즘 세계의 어법으로 다듬어진) 기쁜 소식을 온 세상에 널리 퍼뜨렸고, 우리는 그토록 원하던 행복한 결말을 손에 쥐게 됩니다. 하지만 그 대가로 결단을 촉구하던 마르코의 목소리는 잦아들고, 독자는 응답해야 한다는 부담감을 더는 느끼지 않게 되었습니다.

마르코가 남긴 결말과 마찬가지로 후대에 덧붙여진 짧은 결말 역시 예수께서 제자들에게 나타나신 장면을 구체적으로 담아내고 있지 않습니다. 다만 제자들에게 사명을 맡기셨다고 이야기함으로써 이를 암시하고 있을 뿐이지요. 그래서인지 단 하나의 예외를 제외하면 이 짧은 결말을 품은 모든 사본이 긴 결말(9~20절)까지 함께 품고 있다는 사실은 그리 놀라운 일이 아닐지 모릅니다.[34] 꽤 많은 사본에는 짧은 결말이 없고 더 긴 결말만 있습니다. 물론 우리가 가진 가장 권위 있는 사본들은 16장 8절에서 이야기를 멈춥니다.[35] 긴 결

---

34 라틴어 사본 k를 가리킵니다.

35 마르코 복음서는 시나이 사본 א('코덱스 시나이티쿠스'Codex Sinaiticus)과 바티칸 사본 B('코덱스 바티카누스'Codex Vaticanus) 모두에서 16장 8절에서 끝납니다.

말의 어휘와 문장 구조는 마르코의 붓끝에서 나왔다고 보기에는 너무나 이전과 동떨어져 있습니다.[36] 사실상 이 대목은 다른 복음서들에 기록된 현현 장면들을 간략히 요약해 놓은 것에 지나지 않지요. 구성을 살펴보면 우선 예수께서 막달라 마리아에게 먼저 나타나시고(10~11절) 그 소식을 제자들에게 전합니다.[37] 이로써 여인들이 두려워 아무 말도 하지 못했다는 마르코 복음서 16장 8절의 난관은 손쉽게 해소됩니다. 그런 다음 예수께서는 시골길을 걷던 두 제자에게(12~13절), 그리고 마침내 식탁에 앉아 있던 열한 제자에게 나타나십니다.[38,39] 흥미로운 점은 이 짧은 요약들이 한결같이 제자들이 믿지 못했다는 사실을 꼬집는다는 것입니다(11,13~14절).

그런 다음 예수께서는 세상으로 나아가 기쁜 소식을 선포하라는 사명을 제자들에게 맡기십니다(15~16절).[40] 그리고 믿는 이들이 일으킬 기적들이 그들이 전하는 이야기가 참

---

36 W. R. Farmer, *The Last Twelve Verses of Mark* (Cambridge: Cambridge University Press, 1974). 이 책에서 파머는 이 결말이 원본이라고 주장하나 이러한 차이점들을 설명하지 못합니다.

37 요한 20:11~18 참조.

38 루가 24:13~33 참조.

39 루가 24:36~43 참조.

40 마태 28:19~20 참조.

됨을 확증해 주리라고 약속하시지요(17~18,20절). 그러나 이는 마르코 복음서 본연의 관점과는 사뭇 거리가 먼 생각입니다.[41] 부활이라는 신비로운 소식 앞에서 그 어떤 '증거'도 제시하기를 단호히 거부했던 마르코였습니다. 그런 그가 제자들의 선포가 옳음을 입증하기 위해 기적의 약속들이 자신의 복음서 말미에 덧붙여진 모습을 보았다면 분명 기겁했을 것입니다.

마지막으로 우리는 주 예수께서 "하늘로 들어 올려지셔서 하느님 오른편에 앉으셨다"(19절)는 이야기를 듣습니다.[42] 이 표현은 이후 교회가 정립한 신앙 고백을 그대로 반영하고 있습니다. 이 부분은 제자들이 명령에 순종하여 "사방으로 나가 이 복음을 전하"였으며 "주께서는 그들과 함께 일하셨으며 여러 가지 기적을 행하게 하심으로써 그들이 전한 말씀이 참되다는 것을 증명해 주셨다"(20절)고 전합니다. 앞서 살펴본 짧은 결말과 마찬가지로 이 긴 결말 역시 예수께서 하시던 일을 제자들이 성공적으로 계승했고 복음이 널리 전파되었다는 확신을 심어주며 이야기를 매끄럽게 마무리 짓습니다. 이제 독자(혹은 청중)는 안도의 한숨을 내쉬며 "아, 이야기

---

41 마르 8:11~13 참조.

42 루가 24:50~51, 사도 1:9 참조.

가 이렇게 끝이 났구나" 하고 만족해할지 모릅니다. 그러나 이 안도감 속에서 마르코가 본래 던졌던 날카로운 도전은 다시 한번 자취를 감추고 맙니다.

III

마태오 복음서의 결말
– 위대한 사명

끝을 맺는 일은 곧 시작을 빚어내는 일이다.

끝은 우리가 새롭게 출발하는 자리다.

- T.S. 엘리엇, 『네 개의 사중주』, 「리틀 기딩」 5연

마르코는 갑작스럽게 결말을 지었지만 그리 놀라운 일은 아닙니다. 그가 쓴 도입부 역시 갑작스러웠으며, 이야기 전체가 간결하고도 급박히 전개되기 때문입니다. 이에 견주면 마태오 복음서는 훨씬 길고 더 정돈되어 있습니다. 책 전체에 가르치는 스승의 풍모가 서려 있으며 내용도 무척 세밀하게 배치되어 있습니다. 도입부 역시 세심하게 이루어져

있지요.

마태오 복음서 끝자락에 이르면 우리는 한결 자연스럽고 적절하다고 느낄 법한 방식으로 그가 이야기를 매듭짓는다고 생각하게 됩니다. 그러나 이 복음서의 결말 역시 마르코 복음서의 경우와 마찬가지로 놀라울 만큼 짧으며 우리를 미완의 상태, 즉 열린 결말로 안내합니다.[1]

마태오가 전하는 여인들의 무덤 방문 이야기는 분명 마르코 복음서에 뿌리를 두고 있지만, 마태오는 여기에 미묘한 변화를 줍니다.[2] 마태오는 두 사람, 곧 막달라 마리아와 '다른 마리아'("야고보와 요셉의 어머니 마리아"(마태 27:56))만 지목

---

1 W.D. Davies, Dale C. Allison, Jr, *A Critical and Exegetical Commentary on the Gospel according to Saint Matthew*, 3 vols (Edinburgh: T. & T. Clark, 1988-1989). 저자들은 마태오 복음서의 결말이 "문학 작품의 관점에서 볼 때 완벽하며, 복음서 전체를 만족스럽게 완성한다"라고 평가합니다(3권, 687). 마태오 복음서가 수미상관 구조를 활용해 복음서를 갈무리한다는 점은 분명합니다. 하지만 마태오의 서술이 갑작스럽게 끝나며, 결말이 없다는 버나드 쇼Bernard Shaw의 견해에도 일리가 있습니다(데이비스와 앨리슨은 쇼의 견해를 이해할 수 없다고 일축했지만 말이지요(각주 56)). 쇼는 데이비스와 앨리슨이 "열린 결말"이라고 묘사한 바로 그 특징을 짚어낸 것처럼 보입니다(3권, 686).

2 저는 여기서 마르코 복음서가 먼저 쓰였다고 전제합니다. 이를 지지하는 증거들이 압도적으로 많다고 확신하기 때문이지요. 그러나 이 문제가 복음서 저자들이 전승을 어떻게 다루었는지에 관한 이 책의 논의를 크게 뒤흔들지는 않습니다.

합니다. 마태오는 그들이 무덤에 간 구체적인 이유를 밝히지 않습니다. 예수의 몸에 향유를 바르려 했다는 언급이 없는 것으로 보아 그는 여인들이 그저 예수의 죽음을 애도하기 위해 그곳을 찾았다고 짐작한 듯합니다. 마르코 복음서에서 단순히 흰옷을 입은 전령으로 등장했던 젊은이는 마태오 복음서에 이르러 "모습은 번개와 같았고 ... 옷은 눈과 같이"(마태 28:3) 흰 천사로 대치됩니다. 이 천사는 그곳에서 벌어지는 일에 적극적으로 개입합니다. 무덤 입구의 돌이 어떻게 옮겨졌는지를 마르코는 독자의 상상에 맡겨 두었다면, 마태오는 큰 지진과 함께 주님의 천사가 하늘에서 내려와 돌을 굴려 냈다고 명확히 설명합니다. (마르코 복음서처럼 무덤 안이 아니라) "돌 위에" 앉아 있는 천사의 모습은 무덤을 봉인하여 지키려 했던 인간들의 시도가 얼마나 부질없는 일인지 분명하게 보여 줍니다(마태 27:62~66). 이러한 세부 묘사들은 죽은 이들 가운데서 예수를 일으킬 수 있는 것은 오직 하느님의 권능뿐임을 강조합니다. 마태오가 부활의 현장을 초자연적인 사건들과 엮는 모습이 그리 놀랍지는 않습니다. 앞서 이미 예수의 죽음을 지진, 그리고 무덤들이 열리는 사건과 연결 지은 바 있기 때문이지요.[3] 마태오의 기록에서 백부장은 이 경이로운 일들을 목격한 직후 고백합니다.

참으로, 이분은 하나님의 아들이셨다. (마태 27:54)

마태오 복음서에서 천사를 보고 공포에 질려 얼어붙은 이들은 여인들이 아니라 무덤을 지키던 경비병들입니다. 마르코는 이들에 대해 한마디도 언급하지 않았지요. 마태오는 이들이 "죽은 사람처럼 되었다"(마태 28:4)고 묘사하는데 이는 상황이 품은 아이러니를 도드라지게 합니다. 정작 죽었다고 믿은 이의 무덤을 지키고 있던 이들이 죽은 자처럼 쓰러진 반면, 그들이 가두려 했던 이는 생명의 주님으로 드러났기 때문입니다. 아마도 마태오는 경비병들이 이 압도적인 경험으로 인해 정신을 잃었으며, 그 결과 천사와 여인들의 만남을 전혀 알아채지 못했다고 생각한 듯합니다.[4] 마태오 복음서

---

3 다소 당혹스럽게도 마태오는 앞서 일어난 지진을 많은 성도가 다시 살아나는 사건과 연결합니다. 그러나 저자 역시 이러한 서술이 일으킬 혼란을 의식한 듯 그들이 무덤에서 나와 사람들에게 보인 것은 예수의 부활 이후였다고 덧붙입니다.

4 마태오 복음서 28장 11절에 나오는 "일어난 일"이라는 표현에 천사가 여인들에게 전한 말이 포함된다고 보지 않는 한 그러합니다.

의 도입부에서 주님의 천사가 요셉에게 나타나 마리아를 아내로 맞아들이기를 두려워하지 말라고 다독였듯 복음서의 끝머리에서 천사는 여인들에게 두려워하지 말라고 다독입니다. 이 복음서에서 여인들은 달려 나갑니다. 두려움도 있었지만, 예수께서 친히 말씀하신 대로 살아나셨으며 제자들보다 먼저 갈릴리로 가셨다는 전언을 제자들에게 기쁜 마음으로 전하기 위해서 말이지요.

> 여자들은 무서움과 큰 기쁨이 엇갈려서, 급히 무덤을 떠나,
> 이 소식을 그의 제자들에게 전하려고 달려갔다. (마태 28:8)

그 길 위에서 여인들은 예수를 직접 만납니다. 현현이라는 형태를 빌려 부활의 증거를 내놓기를 한사코 거부했던 마르코와 달리 마태오는 서사의 흐름을 잠시 멈추고서라도 여인들이 제자들보다 앞서 부활하신 주님을 뵈었다고 분명하게 기록합니다. 여인들이 부활의 최초 목격자였다는 진술은 참으로 놀랍습니다. 당대인들에게는 빈 무덤의 증인으로 여인들을 내세웠던 마르코의 보고조차 낯선 일이었겠지만, 여인들을 부활한 예수의 첫 번째 목격자로 묘사한 마태오의 기록은 훨씬 더 큰 충격을 안겨주었을 것입니다.

그럼에도 하느님의 명령에 순종하는 이들만이 주님을 뵙게 될 것이라고 넌지시 일러 준다는 점에서 마태오는 마르코와 뜻을 같이합니다. 제자들에게 다다라 전언을 미처 입 밖으로 꺼내지는 못했을지라도, 여인들은 천사가 내린 지시에 이미 순종했습니다. "급히 무덤을 떠나, 이 소식을 그의 제자들에게 전하려고" 했기 때문입니다. 예수를 눈으로 직접 확인한 일은 여인들이 품고 있던 믿음이 참됨을 확증해 주었습니다. 그들에게는 어떤 증명도 더 필요하지 않았습니다. 여인들은 부활한 예수를 뵙자마자 엎드려 경배했습니다. 예수께서는 (다소 뜻밖에도) 천사의 전언을 되풀이하시며 두려워하지 말라고 여인들을 다독이시고 당신의 "형제들"에게 갈릴리로 가라고 말하도록 지시하십니다. 그렇게 말씀하신 이유는 여인들이 처음 받은 명령을 어길 위험이 있어서가 아닙니다. 오히려 그들이 믿음과 순종으로 응답했기 때문입니다. 여인들은 천사를 믿고 순종했으며 이는 예수를 직접 뵙는 상으로 되돌아왔습니다.

여인들이 목격한 광경이 예수께서 살아나셨다는 천사의 전언을 확증했다면, 이제 예수께서 건네신 말씀은 전언의 두 번째 부분, 곧 제자들 역시 믿음으로 길을 나서야 한다는 사실을 확증합니다. 마르코 복음서에서와 마찬가지로 제자들이 예수를 뵙기 위해서는 갈릴리까지 가는 여정을 감수해야 합니다. 여인들과 달리 제자들의 믿음은 일종의 시험을 거쳐야 했던 것으로 보입니다. 마르코 복음서와 달리 마태오 복음서는 베드로를 콕 집어 언급하지 않습니다. 하지만 갈릴리로 향한 이들이 열한 제자였다는 기록을 통해 그 또한 부름에 포함되었음을 알 수 있습니다.

이어서 유대 지도자들이 경비병들을 매수하여 제자들이 예수의 시신을 훔쳐 갔다는 거짓 소문을 퍼뜨리게 한 짤막한 이야기가 등장합니다.

여자들이 가는데, 경비병 가운데 몇 사람이 성 안으로 들어가서, 일어난 일을 모두 대제사장들에게 보고하였다. 대제사장들은 장로들과 함께 모여 의논한 끝에, 병사들에게 은돈을 많이 집어 주고 말하였다. "예수의 제자들이 밤중에 와서, 우리가 잠든 사이에 시체를 훔쳐 갔다고 말하여라. 이 소문이 총독의 귀에 들어가게 되더라도, 우리가 잘 말해서, 너희에게 아무 해가 미치지 않게 해주겠다." 그들은 돈을 받고서, 시키는 대로 하였다. 그리고 이 말이 오늘날까지 유대인들 사이에 널리 퍼져 있다. (마태 28:11~15)

앞서 무덤을 지키기 위해 병사들을 배치했던 기록(마태 27:62~66)과 마찬가지로 경비병들이 대사제들과 바리사이파에게 보고하는 이 장면은 서사의 극적 장치로 작동합니다. 무덤에 경비병을 배치한 사건이 예수의 죽음과 부활 사이에 놓인 시간을 채워주었듯 경비병들이 보고하는 이야기는 여인들이 들은 말을 제자들에게 전해 주고, 제자들이 갈릴리로 길을 나설 수 있는 시간을 벌어 줍니다. 하지만 그들이 뇌물을 받고 꾸며낸 이야기는 앞뒤가 맞지 않습니다. 경비병들이 정말로 깊이 잠들어 있었다면 제자들이 시신을 훔쳐 갔다는 사실을 어떻게 알 수 있었겠습니까. 게다가 아무리 막대한 뇌물을 제안받았다 한들 병사들이 근무 중에 잠을 잤다고 스스로 고백했을 리도 만무합니다. 당시 군법상 이는 즉시 사형에 처할 수 있는 중죄였기 때문입니다.

마태오의 서술 이면에는 이보다 훨씬 더 중요한 의도가 깃들어 있습니다. 마태오는 복음서 전체에 걸쳐 유대 지도자들의 완고한 불신앙, 예수께서 죽음에 이르신 일과 관련된 그들의 책임을 일관되게 강조했습니다. 마태오는 예수의 권위와 복음을 거부하는 율법학자들 및 바리사이들의 모습을 그렸던 마르코의 기록에 기대어 23장에서 그들의 위선을 준엄하게 꾸짖는 가르침을 한 층 더 쌓아 올립니다. 특히 수난 이야기에서 그는 유다가 뉘우치는 이야기를 들려줌으로써 대제사장들과 장로들이 지은 죄악을 더 선명히 부각합니다.

그 때에, 예수를 넘겨준 유다는, 그가 유죄 판결을 받으신 것을 보고 뉘우쳐, 그 은돈 서른 닢을 대제사장들과 장로들에게 돌려주고, 말하였다. "내가 죄 없는 피를 팔아넘김으로 죄를 지었소." 그러나 그들은 "그것이 우리와 무슨 상관이요? 그대의 문제요" 하고 말하였다. 유다는 그 은돈을 성전에 내던지고 물러가서, 스스로 목을 매달아 죽었다. 대제사장들은 그 은돈을 거두고 말하였다. "이것은 피 값이니, 성전 금고에 넣으면 안 되오." 그들은 의논한 끝에, 그 돈으로 토기장이의 밭을 사서, 나그네들의 묘지로 사용하기로 하였다. 그 밭은 오늘날까지 피밭이라고 한다. 그래서 예언자 예레미야를 시켜서 하신 말씀이 이루어졌다. "그들이 은돈 서른 닢, 곧 이스라엘 자손이 값을 매긴 사람의 몸값을 받아서, 그것을 주고 토기장이의 밭을 샀으니, 주님께서 내게 지시하신 그대로다." (마태 27:3~10)

유다는 자신이 죄 없는 피를 팔아넘겼음을 깨닫고 대가로 받은 은전 서른 닢을 되돌려주려 하지만 대제사장들은 그 돈을 거부하며 자신들의 책임마저 뻔뻔하게 회피합니다. 하지만 유다가 성전에 그 돈을 내동댕이치고 떠나버렸기 때문에 그들은 어떻게든 그 은돈을 처리해야만 했습니다. 그 돈은 "피 값"이었기에 거룩한 성전 금고에 넣는 일은 율법에 어긋났습니다. 그래서 그들은 그 돈으로 밭을 샀고 그리하여 구약성서의 예언을 성취하게 됩니다.[5] 마태오의 눈에 대제사장들은 "죄 없는 피"를 흘리게 한 책임에서 결코 자유로울 수 없는 존재들이었습니다.

이어지는 구절에서 빌라도 역시 예수께서 흘리신 피에 대해 자신은 책임이 없다고 주장합니다.

> 빌라도는, 자기로서는 어찌할 도리가 없다는 것과 또 민란이 일어나려는 것을 보고, 물을 가져다가 무리 앞에서 손을 씻고 말하였다. "나는 이 사람의 피에 대하여 책임이 없으니, 여러분이 알아서 하시오." (마태 27:24)

이에 "온 백성"은 주님의 죽음에 따른 책임을 자신들이 짊어

---

5   마태오는 이를 예레미야의 말로 돌리지만 실제로는 즈가리야서 11장 12~13절을 인용한 것입니다. 예레미야서의 경우 18장 1~11절에서 옹기장이를 언급하고, 32장 6~15절에서는 밭을 사는 일을 언급할 뿐입니다.

지겠다며 오싹한 응답을 내놓습니다.

> 그러자 온 백성이 대답하였다. "그 사람의 피를 우리와 우리
> 자손에게 돌리시오." (마태 27:25)

이 사건을 다루면서 마태오는 예수를 배척한 최종 책임이 대제사장들과 장로들에게 있을지라도(마태 27:20), 유대 지도자들뿐만 아니라 민족 전체가 죄의 굴레에 얽혀 있다고 기술합니다. 경비병을 매수하는 이야기(마태 28:11~15)는 바로 이 주제를 환기합니다. 대제사장들과 장로들은 경비병들로부터 무덤에서 "일어난 일을 모두"(마태 28:11) 보고받았음에도 불구하고 부활의 진실을 은폐하고 억압하는 일에 앞장섭니다. 앞선 기록(마태 27:62~66)을 되짚어 보면 이들이 벌인 일이 얼마나 아이러니한지 알 수 있습니다. 대제사장들과 바리사이파가 경비병들을 세운 이유는 제자들이 예수의 시신을 훔쳐 간 뒤 그분이 부활하셨다는 헛소문을 퍼뜨리지 못하게 막으려는 데 있었습니다. 그들은 제자들이 부활을 꾸며내는 이마지막 속임수가 예수가 생전에 부렸던 처음 속임수보다 훨씬 더 걷잡을 수 없는 사태를 부를 것이라며 전전긍긍했습니다. 결과적으로 그들의 우려는 현실이 되었습니다. 다만 군

중을 선동하여 예수를 죽음으로 몰아넣었던 처음 속임수(마태 27:15~23)보다 훨씬 더 나쁜 결과를 낳은 것은 다름 아닌 무덤의 진실을 덮고 부활의 광휘를 가리려 한 그들 자신의 속임수였습니다. 그러므로 그들은 부활을 믿지 못한 자신들의 불신앙은 물론이고 실제로 일어난 사건에 대해 유대 백성을 오도한 죄까지 책임져야 합니다(마태 28:15).

마태오 복음서는 제자들이 갈릴리로 가 예수께서 일러 주신 곳에서 그분을 어떻게 만났는지 놀라울 만큼 간결하게 서술하며 마무리를 짓습니다(마태 28:16~20).

> 열한 제자가 갈릴리로 가서, 예수께서 일러 주신 산에 이르렀다. 그들은 예수를 뵙고, 절을 하였다. 그러나 의심하는 사람들도 있었다. 예수께서 다가와서, 그들에게 말씀하셨다. "나는 하늘과 땅의 모든 권세를 받았다. 그러므로 너희는 가서, 모든 민족을 제자로 삼아서, 아버지와 아들과 성령의 이름으로 세례를 주고, 내가 너희에게 명령한 모든 것을 그들에게 가르쳐 지키게 하여라. 보아라, 내가 세상 끝 날까지 항상 너희와 함께 있을 것이다." (마태 28:17~20)

예수께서 제자들에게 특정 장소로 가라고 지시하셨다는 이야기는 마태오 복음서의 이 대목에 이르러서야 처음 등장합니다. 사실 갈릴리라는 지명은 구체적인 약속 장소를 가리키기에 막연한 감이 있지요. 그러므로 마태오가 예수와 열한 제자의 만남을 서술하며 예수께서 좀 더 정확한 장소를 짚어주셨다고 덧붙이는 건 지극히 자연스러운 일입니다.[6] 덧붙여 "산"이라는 표현은 마르코에게 갈릴리가 그러했듯 중요한 의미를 지닙니다. 일찍이 예수께서는 '산'에 올라 백성을 가르치셨습니다(마태 5:1). 그러니 마태오는 예수께서 제자들을 산으로 불러 모으신 까닭이 모든 민족에게 당신이 가르친 모든 것을 지키도록 가르치라는 사명을 맡기기 위해서라고 생각했을 겁니다(마태 28:20). 게다가 '산'은 이스라엘 백성이 하느님을 예배하라고 부름받은 장소였으며, 예수께서 세 제자 앞에서 영광스러운 모습으로 변모하신 곳이기도 했습니다. 당시 그분은 이 놀라운 일을 두고 "사람의 아들이 죽은 이들 가운데서 다시 살아날 때까지" 아무에게도 말하지 말라고 제자들에게 당부하신 바 있습니다(마태 17:1-9). 어쩌면 마태오는 제자들이 산에서 내려올 때 예수께서 하신 당부가 부활하신 뒤 그분을 다시 뵙게 될 장소 역시 산임을 넌지시 알

---

6 출애 3:12, 19:17,20.

려 준다고 여겼던 것은 아닐까요.

마침내 부름받은 산에 선 열한 제자는 앞서 여인들이 그랬듯 예수 앞에 엎드려 경배합니다. 그러나 마태오는 여인들의 경우와 달리 제자 중에는 "의심하는 사람들도 있었다"는 기록을 덧붙입니다(마태 28:17).[7] 이는 지금 경배하는 이가 과연 자신들이 알던 그 예수가 맞는지 주저했다는 뜻일 것입니다. 제자들 전체가 그러했는지, 아니면 몇몇만 그러했는지는 분명하지 않지만 이례적인 논평임은 분명합니다. 마태오가 우리에게 부활의 확고한 증거를 제시하려 애썼다면 이런 식의 말을 붙이지는 않았겠지요. 그리고 이러한 서술은 마태오가 앞서 제자들을 묘사했던 바와 연결되어 있기도 합니다. 특히 마태오 복음서 14장 22~33절이 그러하지요.

---

7 그리스어 본문은 단순히 '호이 데'ό δὲ라고 되어 있는데 이는 보통 '그러나 그들은'을 뜻합니다. 문장 구조상 이 표현은 대개 주어가 바뀌었음을 알리는 신호이므로, 열한 제자가 아닌 다른 인물을 가리킬 가능성이 있습니다. 하지만 이 단락에서 열한 제자 외에 다른 이들을 전혀 언급하지 않았다는 점을 고려하면 이를 "그러나 다른 이들은"이라고 번역하기에는 무리가 따릅니다. 대다수 번역가는 이 문장 구조가 전체 중 일부를 가리키는 의미로 쓰였다고 결론을 내립니다. 그러나 이런 방식으로 시작하는 절은 보통 앞선 절에 '호이 멘'ὁ μὲν이 먼저 등장해야 자연스럽습니다. 두 표현이 짝을 이루어야만 "어떤 이들은... 그러나 다른 이들은..."이라는 의미를 온전하게 전달할 수 있기 때문입니다.

예수께서는 곧 제자들을 재촉하여 배에 태워서, 자기보다 먼저 건너편으로 가게 하시고, 그동안에 무리를 헤쳐 보내셨다. 무리를 헤쳐 보내신 뒤에, 예수께서는 따로 기도하시려고 산에 올라가셨다. 날이 이미 저물었을 때에, 예수께서는 홀로 거기에 계셨다. 제자들이 탄 배는, 그 사이에 이미 육지에서 멀리 떨어져 있었는데, 풍랑에 몹시 시달리고 있었다. 바람이 거슬러서 불어왔기 때문이다. 이른 새벽에 예수께서 바다 위로 걸어서 제자들에게로 가셨다. 제자들이, 예수께서 바다 위로 걸어오시는 것을 보고, 겁에 질려서 "유령이다!" 하며 두려워서 소리를 질렀다. 예수께서 곧 그들에게 말씀하셨다. "안심하여라. 나다. 두려워하지 말아라." 베드로가 예수께 말하였다. "주님, 주님이시면, 나더러 물 위로 걸어서, 주님께로 오라고 명령하십시오." 예수께서 "오너라!" 하고 말씀하셨다. 베드로는 배에서 내려, 물 위로 걸어서, 예수께로 갔다. 그러나 베드로는 바람이 불어오는 것을 보고, 무서움에 사로잡혀서, 물에 빠져들어 가게 되었다. 그 때에 그는 "주님, 살려 주십시오" 하고 외쳤다. 예수께서 곧 손을 내밀어서, 그를 붙잡고 말씀하셨다. "믿음이 적은 사람아, 왜 의심하였느냐?" 그리고 그들이 함께 배에 오르니, 바람이 그쳤다. 배 안에 있던 사람들은 그에게 무릎을

꿇고 말하였다. "선생님은 참으로 하느님의 아들이십니다."

(마태 14:22~33)

여기서도 제자들은 처음에 예수를 알아보지 못합니다. 그 과정에서 베드로는 의심한다는 이유로 책망을 듣습니다(마태 14:31). 신약성서 전체를 통틀어 28장 17절에 쓰인 '의심하다 ('디스타조'διστάζω)'라는 동사가 쓰인 곳은 마태오 복음서 14장 31절뿐입니다. 이 동사의 기본 의미는 '전혀 믿지 않다'라기보다는 '확신하지 못하다', 혹은 '주저하다'에 가깝습니다. 14장 31절에서 쓰인 의미도 정확히 이와 같지요. 예수께서 처음 물 위에 나타나셨을 때, 베드로는 "주님이시면"이라는 말로 자신의 불확실한 마음을 드러냈습니다. 그는 물 위로 오라는 예수의 명령을 따르면서 물 위를 걸어갈 만큼 확신을 얻었지만, 이내 두려움에 사로잡혀 물속으로 가라앉습니다. 그리고 예수께서는 믿음이 없다고 꾸짖으시지 않으며, 믿음이 적다고 꾸짖으십니다. 사건은 제자들이 예수께 엎드려 경배하며 그분을 하느님의 아들로 고백하면서 절정에 이릅니다. 마태오 복음서 14장과 28장 모두 '주저하는 믿음'과 '지극한 경배'를 하나로 엮어 내고 있는 것이지요.

마태오가 28장 17절에서 제자들의 불확실한 마음을 굳이

집어넣은 까닭은 주님의 현현이 부활의 반박할 수 없는 증거가 아님을 알고 있었기 때문일 것입니다. 그는 그리스도를 따르도록 부름받은 이들 역시 언제든 믿음이 흔들리고 요동칠 수 있음을 보여 주려 했습니다.[8] 그럴지라도 예수께서 물에 빠진 베드로에게 손을 내밀어 주셨듯, 마태오가 살고 있던 시기 그리스도인들도 예수께서 친히 다가오셔서 그들을 안심시켜 주신다는 사실을 깨닫게 될 것입니다. 그들이 아무리 주저하고 흔들릴지라도 그분의 권능은 그들이 온전히 의지할 만큼 크고 견고하기 때문입니다.

> 예수께서 다가와서, 그들에게 말씀하셨다. "나는 하늘과 땅의 모든 권세를 받았다. 그러므로 너희는 가서, 모든 민족을 제자로 삼아서, 아버지와 아들과 성령의 이름으로 세례를 주고, 내가 너희에게 명령한 모든 것을 그들에게 가르쳐 지키게 하여라. 보아라, 내가 세상 끝 날까지 항상 너희와 함께 있을 것이다." (마태 28:18~20)

마태오가 기록한 이야기 가운데 부활하신 예수께서 제자들

---

8 마태 8:26, 14:31, 16:8.

에게 나타나신 장면은 오직 이 대목뿐입니다. 여기서 예수께서는 당신이 하늘과 땅의 모든 권세를 받았다고 선포하십니다. 그리고 제자들에게 모든 민족을 제자로 삼으라는 사명을 맡기시며 그들과 언제나 함께하겠다고 약속하십니다. 제자들은 예수께서 가르치신 모든 것을 빠짐없이 전해야 합니다. 이 마지막 지시는 마태오 복음서에 기록된 그분의 수많은 가르침을 독자가 다시금 되짚어 보게 합니다.[9] 마태오 복음서

---

9 제자들이 이방인에게 예수의 가르침을 전할 때, 과연 율법을 지키라는 내용까지 포함했는지를 두고 학계에서는 치열한 논쟁이 이어지고 있습니다. 마태오가 이방인에게 할례를 요구하지 않고 율법 규정도 지킬 필요가 없다고 본 바울의 견해에 반대했을까요(Günther Bornkamm, Gerhard Barth, Heinz Joachim Held, *Tradition and Interpretation in Matthew* (London: SCM Press, 1963), 62-75, 131-137, 159-164 참조)? 즉, 마태오는 계명을 여전히 지켜야 한다고 고집했을까요, 아니면 그리스도가 율법의 요구를 모두 이루었다는 바울의 생각에 동의했을까요? 마태오 복음서 5장 17~20절은 율법의 일점일획이라도 반드시 지켜야 한다고 강조합니다. 하지만 18절에서 언급한 "다 이루어질 것이다", 혹은 모든 것이 성취되었다는 표현은 어쩌면 예수의 생애를 통해 일어난 사건(마태 1:22, 21:4, 26:56 참조)을 가리키는 것일지도 모릅니다. 25장 31~46절을 보면, 모든 민족은 특정 계명을 얼마나 잘 준수했느냐가 아니라 가난하고 소외된 이들을 어떻게 대했느냐에 따라 심판을 받습니다. 이러한 행실은 하느님을 사랑하고 이웃을 사랑하는 마음에서 비롯하며, 이것이야말로 율법이 담고 있는 참된 내용입니다(마태 22:34~40). 실제로 마태오는 이방인에게 할례가 필요하다는 언급을 전혀 하지 않으며, 오직 세례만을 강조합니다. 이와 관련해 마커스 보크뮤엘Markus Bockmuehl은 다음과 같이 정리합니다. "결국 예수께서 보여 주신 가르침과 율법 해석이 최고의 권위를 가진다. 사도들이 이방인으로 구성된 새로운 제자 공동

는 우리를 갈릴리의 어느 산 위, 예수와 제자들이 함께 서 있는 풍경 속에 남겨 둡니다. 분명 마르코 복음서보다는 한결 정돈된 결말이지만 여기서도 우리는 그다음 무슨 일이 일어났을지 궁금해하게 됩니다. 루가 복음서처럼 예수께서 승천하시는 모습을 상상해야 할까요? 그 후 제자들의 행보는 어떠했을까요? 마태오는 아무런 말도 해주지 않습니다. 여기서도 결말은 이야기를 계속 써 내려가도록 우리를 밀어붙입니다.

한편, 이 마지막 장면을 통해 마태오는 마르코가 다루었던 주제들을 더욱 풍성하게 확장합니다. 마르코와 달리 마태오는 제자들이 갈릴리로 가라는 지시에 순종했으며 그곳에서 실제로 예수를 뵙게 되었다고 확언합니다. 제자들은 그 자리에서 예수께 직접 명령을 받습니다(예수와 여인들이 만난 이야기와 또 다른 평행을 이루는 대목입니다). 예수께서는 제자들에게 모든 민족에게 나아가 그들을 당신의 제자로 삼으라고 지시하십니다. 새로운 명령에는 그에 걸맞은 새로운 약속이 뒤따릅니다. 특정 장소에서 예수를 보게 되리라는 약속이 성취되었듯 이제는 '세상 끝날'까지 언제나 함께하시겠다는 약속이

체에 가르쳐야 할 내용은 이것뿐이다." Markus Bockmuehl, *Jewish Law in Gentile Churches* (Edinburgh: T. & T. Clark, 2000), 163.

주어집니다.[10] 우리는 첫 번째 약속이 그러했듯 이 두 번째 약속 또한 이루어지리라고 짐작할 수 있습니다. 마태오 복음서의 결말이 이토록 간결한 까닭은 저자에게 있어 이 이야기의 끝이 다음에 이어질 새로운 이야기의 시작일 뿐이기 때문입니다.

마르코 복음서의 결말이 그러했듯 마태오 복음서의 마무리 또한 자신이 전개한 서사의 흐름에 어울립니다. 앞선 이야기들에서 줄곧 강조해 왔기에 독자인 우리에게 이미 친숙해진 핵심 주제들을 결말부에서 고스란히 다시 끌어안고 있기 때문이지요. 예수께서는 공생애 내내 권위를 지니고 활동하셨으며,[11] 땅에서뿐만 아니라 하늘에서도 그 권위를 떨치실 것이라 선언하셨습니다.[12] 이제 그분은 그 권한을 온전히 확언하십니다. 마태오 복음서 9장 6절은 예수께서 '인자'로서 땅에서 죄를 용서하는 권세를 가지고 있다고 밝힌 바 있습니다. 결말에서 선포되는 권세 역시 '인자'라는 칭호가 직접적으로 쓰이지는 않았으나, '인자'가 지닌 권세와 맥을 같

---

10 이 구절을 직역하면 "이 시대의 끝"이라는 뜻입니다. 지금 우리가 살아가는 이 시대가 막을 내리는 순간, 시간 그 자체도 멈추게 될 것입니다.

11 마태 25:31~46, 26:64.

12 마태 7:29, 9:6, 10:1, 21:23~27.

이합니다. 그 표현 방식이 칠십인역 다니엘서 7장 14절을 반영하고 있기 때문입니다.[13] 고난과 죽음을 견디고 죽은 이들 가운데서 살아나신 주님[14]은 이제 그 지고한 권세를 실제로 행사하십니다.[15] 생애 내내 예수께서는 사람들의 의심과 경배를 동시에 받으셨습니다. 그분은 제자들을 부르시고 그들에게 제자도의 참된 의미가 무엇인지 가르치셨습니다. 이제 예수께서는 제자들에게 다른 이들을 제자로 삼으라는 사명을 맡기십니다. 그분의 가르침은 유대 랍비에게 흔히 기대할 법한 내용이었습니다. 우리가 어떻게 행동해야 하는지 일러 주셨지요.[16] 제자들은 이제 예수께서 명하신 모든 것을 지키도록 사람들을 가르쳐야 합니다. 그들이 세상에 전해야 할 것은 교리가 아니라 실천을 요구하는 명령들입니다. 사람들은 하느님의 뜻에 얼마나 순종했느냐에 따라 심판받을 것이기 때문입니다.[17] 갈릴리에서 제자들이 만난 예수는 틀림없

---

[13] W. D. Davies, Dale C. Allison, *A Critical and Exegetical Commentary on the Gospel according to Saint Matthew*, vol. 3, 683 참조.

[14] 마태 16:21, 17:9,12,22~23, 20:18~19.

[15] 마태 26:64, 16:27, 24:30~31 참조.

[16] 마태 5~7장에서 예수의 가르침은 행동에 관심을 기울이고 있습니다. 10장에서 제자들에게 내린 지침은 그들이 무엇을 해야 하는지, 그리고 그 결과로 무엇을 기대할 수 있는지를 다루고 있습니다.

[17] 마태 7:21~23, 25:31~46 참조.

이 복음서 전체를 통틀어 그들과 함께하셨던 바로 그 예수입니다.

그러나 한 가지 놀라운 사실이 있습니다. 바로 제자들이 "모든 민족"을 제자로 삼으라는 명령을 받게 되었다는 점이지요. 이전에 제자들에게 사명을 맡기실 때 그분은 이렇게 지시하셨습니다.

이방인들의 길로 가지 말고 사마리아 사람들의 고을에도 들어가지 마라. (마태 10:5)

이러한 제한은 당신의 사명을 "오직 이스라엘 집의 길을 잃은 양들"(마태 15:24)로 국한하셨던 말씀과도 맥을 같이합니다. 과거에 예수께서는 당신의 선교 활동이 오직 이스라엘만 향한다고 고집하셨습니다. 하지만 이제 새로운 단계가 그 서막을 올립니다. 이 새로운 시대는 "세상 끝날까지", 곧 만물이 마침내 완성에 이르는 그날까지 이어질 것입니다. 이 구절은 복음서 앞부분에서 예수께서 선포하셨던 가르침을 다시 한번 환기하며 울려 퍼집니다.[18]

---

18 마태 13:39~40,49, 24:3을 보십시오.

복음서 곳곳에는 이미 이방인 선교를 넌지시 알려 주는 단서들이 있습니다. 마태오는 예수의 사명이 이방인들에게 빛과 정의, 희망을 약속한 이사야의 예언을 이루었다고 말합니다.[19] 제자들 역시 일찍이 "세상의 빛"(마태 5:14)이라 불렸습니다. 예수께서는 아브라함이 받았던 그 약속을 이방인들도 함께 받게 될 것이라고 예고하셨습니다.

> 내가 너희에게 말한다. 많은 사람이 동과 서에서 와서, 하늘 나라에서 아브라함과 이삭과 야곱과 함께 잔치 자리에 앉을 것이다. (마태 8:11~12)

또한 이방인들에게 증언이 울려 퍼질 것이라고 말씀하기도 하셨습니다.

> 너희는 나 때문에, 총독들과 임금들 앞에 끌려 나가서, 그들과 이방 사람 앞에서 증언할 것이다. (마태 10:18)

이 하늘나라의 복음이 온 세상에 전파되어서, 모든 민족에

---

19 마태 4:14~16, 12:17~21, 이사 9:1~2, 42:1~4 참조.

게 증언될 것이다. 그때에야 끝이 올 것이다. (마태 24:14)[20]

어떤 면에서 마태오 복음서의 결말은 우리를 맨 처음, 곧 1장과 2장으로 다시 데려갑니다. 그곳에서 이방 세계를 대표하는 동방 박사들은 헤로데를 앞세워 예수를 거부하던 유대 권력자들과 달리 주님을 가장 먼저 경배하며 그분을 왕으로 모십니다(마태 2:1~12). 그러므로 이제 복음이 이방인들에게 전해진다고 해서 놀랄 이유는 없습니다.

여기서 특히 주목할 점은 이방인인 박사들이 간절히 찾았던 이가 바로 "유대인의 왕"(마태 2:2)이었다는 사실입니다. 비록 이 "유대인의 왕"은 이방 권력에 의해 십자가에 못 박혔으나(마태 27:11,29,37) 마태오의 관점에서 보면 그를 배척하고 실질적으로 죽음으로 몰고 간 이들은 유대 지도자들이었습니다(마태 27:1~2). 이제 복음서의 끝머리에서 모든 민족을 제자로 삼으라는 명령이 선포됩니다(마태 28:19). 도입부에서 어렴

---

20 이 구절들과 10장 5절 및 15장 24절 사이에는 분명한 긴장이 있습니다. 예수께서는 활동을 자신의 백성에게 집중하셨던 것으로 보입니다. 비록 이방인들도 그의 메시지에 응답하고 있었으나(마태 8:5~13, 15:21~28) 그들은 규칙에서 예외였습니다. 그러나 이것이 이방인들이 하늘나라에서 제외된다는 뜻은 아닙니다. 이스라엘의 과업은 이방인들의 빛이 되는 것이지만 이스라엘 백성이 스스로 돌이키기 전까지는 이 과업을 수행할 수 없습니다.

풋이 비쳤던 사건이 성취의 국면에 접어드는 것이지요.

세례를 베풀라는 명령은 이 복음서의 이야기에서 얼핏 이 질적인, 혹은 새로운 주제처럼 보일 수 있습니다. 이때까지 마태오 복음서는 세례와 관련해 아무런 언급도 하지 않기 때문입니다. 하지만 복음서의 초입을 기억해 보십시오. 예수 께서 세례를 받으시자, 성령이 그분 위에 내려오고 아버지 께서는 그를 당신의 아들로 선포하십니다(마태 3:13~17). 세례 는 그분의 공생애라는 막이 올랐음을 알리는 표지였습니다. 그리고 이제 제자들은 모든 민족에게 나아가 아버지와 아들 과 성령의 이름으로 세례를 베풀라는 명령을 받습니다(마태 28:19). 믿는 이들에게도 세례는 주님이 그러하셨듯 새로운 삶의 시작을 알리는 표지가 될 것입니다.

마태오 복음서의 시작과 끝을 잇는 연결고리는 이뿐만이 아닙니다. 이야기의 처음에서 우리는 예수의 탄생과 더불어 그 이름이 '임마누엘'이고 그 말은 '하느님께서 우리와 함께 계시다'라는 뜻임을 전해 듣습니다. 그렇게 마태오는 하느님 께서 당신의 백성과 늘 함께하고 계심을 상기시킵니다(마태 1:23).[21] 이야기 중간쯤 예수께서 물 위를 걸으시며 "나다"(마

---

21   마태오가 예수를 '하느님'으로 이해하는지, 아니면 하느님의 호의 와 축복을 드러내는 분으로 생각하는지에 대해서는 학자들의 의견

태 14:27)라고 말씀하신 부분 역시 의미심장합니다. 이 사건에서 그분이 하느님의 능력을 친히 행사하셨음을 생각하면, 마태오가 이 말을 다분히 의도적으로 썼음을 알 수 있습니다.[22] 그리고 끝에 이르러 예수께서는 마지막 약속을 통해 하느님의 이름이 울려 퍼지게 하십니다.

> 보아라, 내가 세상 끝 날까지 항상 너희와 함께 있을 것이다. (마태 28:20)

이 선언은 1장 23절과 절묘한 수미상관을 이룹니다. 하지만 마태오의 이야기가 끝에 도달했다고 해서 하느님께서 우리를 떠나시는 건 아닙니다. 오히려 20절을 통해 마태오는 하느님의 현존을 전에 없던 방식으로 경험하게 될 새로운 시대의 막이 올랐음을 알립니다. 도입부는 하느님의 아들로서의 예수와 성령의 활동을 묘사했습니다. 이제 결말에 이르러 우리는 예수께서 친히 아버지와 아들과 성령을 부르시는 모습

이 일치하지 않습니다. W. D. Davies, Dale C. Allison, *A Critical and Exegetical Commentary on the Gospel according to Saint Matthew*, vol. 1, 217 참조. 『마태복음 1-3장 주석』(알맹e).

22 출애 3:14, 이사 43:10, 욥기 9:8, 시편 77:19~20을 보십시오.

을 마주합니다.[23]

우리는 복음서 초반에 악마가 하느님의 아들이신 예수를 어떻게 시험했는지 기억합니다. 그는 예수께서 권능을 남용하도록 유혹했으나 그분은 하느님에 대한 순종의 길을 끝까지 걸어가셨습니다. 마지막 시험에서 악마는 예수를 높은 산으로 데려가 자신에게 엎드려 절하기만 하면 세상의 모든 나라를 주겠다고 유혹합니다. 이제 갈릴리의 산에서 우리는 아들이 한사코 받기를 거부했던 바로 그 권세를 마침내 아버지께 받으셨음을 알게 됩니다. 그리고 그분은 제자들에게 경배를 받으십니다. 일찍이 예수를 "살아 계신 하느님의 아들"(마태 16:16)이라 고백했으나, 동시에 사탄처럼 그분을 아버지에 대한 순종의 길에서 벗어나게 하려던 유혹자들이기도 했던 바로 그 사람들에게 말이지요(마태 16:21~23).

마태오 복음서의 시작과 끝을 잇는 중간, 더 나아가 모든 서사에 깊은 영향을 미치는 무언가, 정확히는 누군가가 있습니다. 바로 모세입니다. 많은 학자는 이 복음서의 도입부에서 이른바 모세 모형론Moses-typology을 엿볼 수 있다고 이야기합니다. 무고한 아기들이 학살당하는 비극 가운데 예수께서

---

23 마태 11:25~27에서 예수께서는 아버지와 아들 사이의 친밀한 관계에 관해 말씀하십니다.

피신하시는 장면(마태 2:13~18)은 파라오가 저지른 학살에서 모세가 살아남은 이야기를 강력하게 환기합니다.[24] 예수께서 어린 시절을 이집트에서 보내셨다는 사실 또한 이러한 연결고리를 견고하게 하지요. 하느님께서 모세와 같은 예언자를 다시금 보내시리라는 약속(신명 18:15)은 유대 전통에서 중대한 의미를 지니고 있었습니다. 따라서 당대 사람들이 예수를 그러한 예언자로 이해하려 했던 모습은 지극히 자연스럽습니다. 하지만 마태오에게 예수는 당연히 모세와 비교할 수 없을 정도로 위대한 분이었습니다. 산상수훈 기록에서 우리는 모세와 예수를 대조하는 마태오의 의도를 엿볼 수 있습니다. 모세는 산 위에서 하느님과 대면한 뒤 내려와 그 말씀을 백성에게 전달했던 반면, 예수께서는 친히 산에 앉아 모세보다 훨씬 더 큰 권위를 지니고 사람들을 가르치십니다. 게다가 그 가르침에서는 과거에 백성이 받았던 율법과 새로운 말씀이 선명한 대비를 이루지요. 이야기가 좀 더 흘러가면 우리는 또 다른 산, 변화산에 계신 예수를 발견합니다. 그곳에

---

24 출애 2:1-10. 마태오 복음서에서 살육 사건은 왕이 태어났다는 박사들의 이야기에 헤로데가 반응한 결과 일어났습니다. 이에 대한 평행 기사로 다음을 보십시오. Josephus, *Antiquities* 2. 9. 2(205-209). 요세푸스Josephus는 이어 모세의 아버지가 꿈에서 하느님의 경고를 받는 장면과 어머니가 그를 숨기는 장면을 묘사합니다(2. 9. 3-4(210-223).).

서 그분은 모세 및 엘리야와 이야기를 나누시며 그들보다 훨씬 더 우월하신 분으로 드러납니다(마태 17:1~8). 예수께서 영광 속에 산에서 나타나시고 그분에게 순종하라는 명령이 울려 퍼졌던 사건은 부활한 예수께서 갈릴리 산에서 모습을 드러내시는 사건과 분명하게 이어집니다.

예수가 모세보다 우월하다는 점이 이토록 중요하다면 복음서 결말에서도 마태오가 이를 부각했으리라고 기대할 수 있겠지요. 도입부부터 그는 유대 경전(구약)을 인용하며 예수야말로 유대 전통의 참된 성취임을 보여 주려 애썼습니다. 그리고 그런 마태오는 예수께서 제자들에게 마지막 사명을 맡기시는 장면으로 복음서의 끝을 맺습니다(마태 28:16~20).[25] 일부 주석가들은 이 대목을 모세의 후계자 여호수아를 임명하는 이야기들(신명 31:14~15, 여호 1:1~9)과 비교하며 마태오의 서술이 저 이야기들에 기대고 있다고 분석합니다.[26] 어떤 주석가들은 모세가 이스라엘 백성에게 "이 율법의 모든 말씀"에 순종하라고 권고했던 고별 연설(신명 31:12, 32:46)과의 유사

---

25 이 구절들은 복음서의 '장엄한 마무리'grand finale라고 불립니다. Graham Stanton, *A Gospel for a New People: Studies in Matthew* (Edinburgh: T. & T. Clark, 1992), 345, 각주 2 참조.

26 W. D. Davies, Dale C. Allison, *A Critical and Exegetical Commentary on the Gospel according to Saint Matthew*, vol. 3, 679-670 참조.

성에 주목하기도 하지요.[27] 그러나 결정적인 차이가 있습니다. 모세가 이스라엘에 전한 '말씀'은 결코 자신의 말이 아니라 하느님의 말씀을 대리하여 전달한 것에 불과했습니다. 모세는 백성에게 자신이 받은 계명에 순종하기를 촉구하는 반면, 예수는 제자들에게 당신의 가르침에 순종하기를 요구하십니다. 또한 여호수아가 모세의 뒤를 이어 지도자가 되었을 때 그를 임명한 주체는 모세가 아니라 하느님이셨습니다. 이와 달리 산에서 제자들에게 사명을 맡기시는 분은 다름 아닌 예수 자신이십니다. 그분은 하느님의 아들이라는 당신의 신분에서 비롯된, 하느님께 받은 지고한 권세로 이 일을 몸소 하십니다(마태 28:18~19).

지금까지의 논의와 관련해 더 흥미로우면서도 마태오 복음서 28장 16~20절과 한층 긴밀한 평행을 이루는 구약의 구절이 있습니다. 바로 출애굽기 3장에 나오는 모세의 소명 이야기입니다.[28] 성서는 모세가 하느님의 산 호렙에 이르렀을

---

27 David Catchpole, *Resurrection People: Studies in the Resurrection Narratives of the Gospels* (London: Darton, Longman & Todd, 2000), 52.

28 데이비스와 앨리슨은 여호수아 1장 1~9절과 예레미야 1장 1~10절만이 (마태오 복음서 28장 16~20절에서도 발견되는) 다음의 네 가지 요소를 갖추고 있다고 논평합니다. "(1) "가다"('포레우오마이'πορεύομαι, (2) 반복되는 "모든"('파스'πᾶς), (3) 명령받은 것을 행하라는 지시('엔텔로마이'ἐντέλλομαι를 사용-), (4) 하느님께서 함께하시겠다는 약속('메타'μετά를 사

때 하느님께서 떨기나무 불꽃 가운데 말씀하시며, 종살이하던 백성을 이집트에서 끌어내라는 사명을 맡기셨다고 전합니다. 자신은 그럴 만한 자격이 없다며 뒷걸음질 치는 모세에게 하느님께서는 "내가 너와 함께 있겠다"고 응답하십니다. 이어 하느님께서는 친히 그를 보내셨음을 증거하는 징표를 약속하시는데 다름이 아니라 모세가 훗날 이 산으로 돌아와 하느님을 예배하게 되리라는 것이었습니다. 그 사명을 무사히 마치는 일 자체가 곧 하느님이 주신 징표였기에, 모세로서는 일단 순종하여 길을 나서지 않고서는 그 부르심이 참된지 확인할 방도가 없습니다. 하지만 이전에 단 한 번도 마주한 적 없는 이 하느님을 어떻게 믿을 수 있을까요? 그는 질

_____

용)" W. D. Davies, Dale C. Allison, *A Critical and Exegetical Commentary on the Gospel according to Saint Matthew*, vol. 3, 679. 그러나 사실 이 요소들은 출애 3:1~4:17과 7:1~2에서도 찾아볼 수 있습니다. '가다'라는 동사는 3장 11,18,19절에 등장하고, '명령하다'는 7장 2절, 하느님께서 함께하시겠다는 약속은 3장 12절과 4장 12절에 나옵니다. '모든'이라는 형용사는 7장 2절에 단 한 번 쓰였으나 이는 예레미야서 1장 1~10절도 마찬가지입니다. 더욱이 학계에서는 예레미야서 1장 1~10절은 출애굽기 7장 2절의 영향을 받았다고 봅니다. 이와 관련해서는 다음을 보십시오. Robert P. Carroll, *Jeremiah* (Old Testament Library; London: SCM Press, 1986), 99. 또한 마태오의 문구 "내가 너희에게 명령한 모든 것"('판타 호사 에네테일라멘 휘민'*πάντα ὅσα ἐνετειλάμην ὑμῖν*)은 출애굽기 7장 2절의 "내가 너에게 명령하는 모든 것"('판타 호사 소이 엔텔로마이'*πάντα ὅσα σοι ἐντέλλομαι*)을 반향하는 것으로 보입니다.

문의 방향을 바꾸어 이렇게 묻습니다.

> 그들이 저에게 '그의 이름이 무엇이냐?' 하고 물을 터인데,
> 제가 그들에게 무엇이라고 대답해야 합니까? (출애 3:13)

이에 하느님께서는 응답하십니다.

> 나는 곧 나다. (출애 3:14)

이 대답은 하느님을 온전히 믿고 의지하며 그분이 누구이신
지 기꺼이 발견하려는 이들만이 하느님을 알 수 있음을 넌지
시 알려 줍니다. 하지만 하느님은 거기서 멈추지 않고 당신
이 아브라함과 이삭과 야곱의 하느님이심을 모세에게 일깨
워 주십니다.

> 너는 이스라엘 자손에게 이르기를 '야훼, 너희 조상의 하느
> 님, 곧 아브라함의 하느님, 이삭의 하느님, 야곱의 하느님이
> 나를 너희에게 보내셨다' 하여라. (출애 3:15, 3:6 참조)

모세는 자신에게 사명을 맡기신 하느님을 믿고 의지하라는

부름을 받지만, 적어도 그가 아는 사실이 하나 있었습니다. 조상들에게 당신 자신을 이미 드러내 보이신 적이 있었다는 사실이지요.[29]

다시 한번 말하지만 마태오에게 예수는 모세보다 훨씬 더 위대하신 분입니다. 두 사람의 어린 시절 이야기는 서로 엇비슷해 보일지 모르나 시간이 흐를수록 각자의 길을 걸어갑니다. 마지막 장면에서 우리는 둘 사이에 놓인 중대한 차이를 발견합니다. 예수는 사명을 받는 이가 아니라 다른 이들에게 사명을 맡기시는 분입니다.[30] 하느님께서 이스라엘 백성을 당신께서 일러 주신 산으로 부르셨듯 그분은 제자들을 당신이 일러 주신 산으로 불러 모으십니다. 예수께서 죽은 이들 가운데서 다시 살아나셨다는, 당시로서는 믿기 힘들었던 소문을 따라 길을 떠난 제자들의 여정은 광야를 가로질러 호렙산으로 향했던 이스라엘 백성의 발걸음에 못지않은 신앙의 행위였습니다. 이스라엘 백성은 산에 이르러 하느님을

---

29 출애 3:1~4:17 외에도 6:2~7:7에 모세의 소명에 관한 또 다른 기록이 있습니다.

30 데일 C. 앨리슨은 자신의 저서에서 이를 언급하지 않습니다. *The New Moses: A Matthean Typology* (Edinburgh: T. & T. Clark, 1993). 이 때문에 그는 마태오 복음서 28장과 출애굽기 3장 사이에 흐르는 명백한 평행 구조를 포착하는 데 실패한 것이 아닐까요? 그의 책 262쪽에서 266쪽 사이를 살펴보면 더욱 의아하게 다가오는 대목입니다.

예배하도록 부름받습니다. 그리고 그들이 그곳에 무사히 도착했다는 사실이 모세에게는 하느님께서 자신을 보내셨음을 확인할 수 있는 유일한 징표였습니다. 과거에 모세가 그랬고, 이스라엘 백성이 그랬듯 이제 몇몇 제자들은 주저하고 흔들립니다. 하지만 그럼에도 불구하고 그들은 산 위에서 예수께 엎드려 경배합니다. 모세가 백성을 이끌고 산에 올랐을 때 하느님께서는 다시금 말씀하셨고 모세는 하느님이 명하신 바를 지키도록 백성을 가르쳤습니다(출애 19:3~8). 이제 예수는 제자들에게 당신께서 명령하신 모든 것을 지키도록 사람들을 가르치라고 명하십니다. 이 사명은 더는 이스라엘이라는 울타리에 갇히지 않고 모든 이방인을 품어 안습니다. 여기서 우리는 하느님께서 율법을 주시려고 시나이산에서 모든 민족을 부르셨으나 유대인만 응답했다는 랍비들의 전승을 떠올리게 됩니다.[31] 이제는 모든 민족이 예수의 말씀을 받아들여야만 합니다.[32] 하느님의 이름을 물은 모세가 "나는 곧 나다"라는 응답을 들었다면, 이제 제자들에게는 아버지

---

31 Exodus Rabbah(Yithro) 27.9, *Mekhilta Bahodesh* 5, Sifre Deuteronomy 343.

32 마태오 복음서 28장이 반향하는 출애굽기 3~4장의 여러 특징은 모세가 출애굽기 33~34장에서 산으로 돌아가는 기록에서도 발견됩니다.

와 아들과 성령이라는 거룩한 이름이 하느님의 이름으로 온전히 드러납니다.

출애굽기 이야기는 하느님께서 모세에게 사명을 맡기셨다는 사실을 일깨우며 끝을 맺습니다. 모세는 "나는 곧 나다"라고 말씀하신 하느님의 권위를 가슴에 품은 채 파라오를 향해 나아갑니다. 이와 유사하게 마태오 복음서 결말에서 예수께서는 "내가 세상 끝 날까지 항상 너희와 함께 있을 것이다"라고 약속하시며 제자들을 세상으로 파견하십니다. 여기서 예수는 단순히 모세보다 위대한 예언자의 자리에 머물지 않으십니다. 그분은 하느님의 권위를 직접 행사하는 분이시며 하느님의 거룩한 이름을 온전히 품으신 분으로 우뚝 서 계십니다. 그러한 면에서 당시 유대 지도자들이 이러한 그리스도인의 선포를 신성모독이라 몰아세우며 거세게 비난한 것도 이상한 일은 아닙니다. 마태오가 전하고자 했던 바는 명확합니다. 일찍이 모세를 부르시고 파견하셨던 바로 그 하느님이 이제는 부활하신 예수의 입술을 빌려 말씀하고 계신다고, 우리는 이를 꿰뚫어 보아야만 한다고 그는 이야기합니다.

복음서 앞부분에서 예수는 제자들에게 또 다른 약속을 건네신 바 있습니다.

두세 사람이 내 이름으로 모여 있는 자리, 거기에 내가 그들 가운데 있다. (마태 18:20)

이 말씀은 랍비들의 문헌에 나오는 한 격언을 생각해 보면 더 빛을 발합니다.

두 사람이 함께 앉아 율법의 말씀을 나누면 그들 사이에 하느님께서 머무신다.[33]

당신을 따르는 이들과 함께하시겠다는 이 약속은 예수께서 잉태되셨을 때 받으신 이름, 곧 '하느님께서 우리와 함께 계시다'라는 뜻을 지닌 '임마누엘'이심을 우리에게 다시금 일깨워 줍니다. 복음서의 대단원에 이르러 이 진리는 "내가 세상 끝 날까지 항상 너희와 함께 있을 것이다"라는 확언을 통해 다시 한번 굳건히 다져집니다.

그러므로 마태오 복음서의 마지막 장면은 단순히 사명을 맡기는 자리가 아닙니다. 이는 예수께서 진정 누구이신지를 뚜렷하게 보여 주는 '그리스도 현현'의 자리입니다. 세상으

---

33 *Mishnah Aboth* 3.2.

로 나아가는 이들을 향한 예수의 이 마지막 약속은 모세에게 건네진 야훼 하느님의 약속을 고스란히 이어받아 울림을 냅니다. 이 반향은 결코 우연이 아닐 것입니다. 이를 저자가 의도했다면 마태오 복음서 이야기는 유다 베들레헴이나 모세가 부름받은 사건에서 시작되는 것이 아니라, 아브라함과 이삭과 야곱에게 당신을 "나는 곧 나다"라고 부르시며 드러내신 하느님의 계시(출애 3:15)에서 시작된다고 할 수 있습니다. 그러한 면에서 마태오가 복음서 첫머리를 예수의 계보로 시작해 그 혈통을 아브라함까지 연결 지은 건 지극히 자연스러운 일이라 하겠습니다. 나아가 이 이야기의 진정한 결말은 예수의 제자들이 온 세상을 복음화할 때 비로소 쓰일 것입니다. 예수의 의미는 온 세상을 끌어안기 때문입니다. 열한 명이라는 자그마한 무리는 이제 모든 민족을 품어 안을 만큼 넓게 뻗어 나가야만 합니다.

마태오가 마르코보다 이야기를 조금 더 밀고 나아가 부활현현의 목격자들(여인들과 열한 제자)을 제시하기는 했지만, 확실한 증거라는 측면에서 보면 마태오가 마르코보다 우리에게 더 쥐여 준 것은 거의 없습니다. 여인들은 그러지 않았을지언정 제자들은 주저하고 흔들렸으니 말이지요.

마르코 복음서와 마찬가지로 마태오 복음서 역시 미완의

결말입니다. 이 결말도 "독자를 이야기 속으로 직접 걸어오도록 정중히 초대"합니다.[34] 예수께서는 이제부터 당신의 백성과 영원히 함께하시겠다고 약속하십니다. 하지만 "내가 세상 끝 날까지 항상 너희와 함께 있을 것이다"라는 이 다정한 축복의 언어는 실상 모든 민족에게 나아가 복음을 전하라는 엄중한 진군 명령이기도 합니다. 그 명령에 순종하여 길을 나설 때에만 제자들은 예수께서 참으로 부활하신 주님으로서 자신들과 함께하심을 깨닫게 될 것입니다. 마태오에게 복음서가 끝나는 자리는 곧 세상을 향한 선포가 시작되는 자리였습니다. 기쁜 소식은 마땅히 널리 나누어야 하기 때문입니다. 마르코와 마찬가지로 마태오 역시 "결말 뒤에는 아무것도 따라오지 않는다"는 아리스토텔레스의 격언을 가볍게 무시해 버립니다.[35] 두 복음서 저자 모두에게 끝이란 엘리엇의 노래처럼 곧 새롭게 펼쳐질 시작의 다른 이름이었습니다.

끝을 맺는 일은 곧 시작을 빚어내는 일이다.
끝은 우리가 새롭게 출발하는 자리다.

---

34   W. D. Davies, Dale C. Allison, *A Critical and Exegetical Commentary on the Gospel according to Saint Matthew*, vol. 3, 688.

35   *Poetics* 7. 3.

IV
루가의 매듭지어지지 않은 결말

끝이란 없다. 다만 무언가 덧붙여질 뿐.

- T. S. 엘리엇, 『사중주』, 「드라이 샐베이지스」 2연

마르코 복음서는 무언가에 쫓기며 쓴 듯한 인상을 줍니다. 저자는 이 장면에서 저 장면으로 쉬지 않고 달려가다 결말에 이르러 홀연히 자취를 감추어 버림으로써 다음 행보를 청중에게 맡겨 버립니다. 그가 글을 쓰는 방식은 그가 구사하는 그리스어 수준과 잘 맞아떨어집니다. 마르코의 그리스어는 기초 수준으로 투박하며 문어체라기보다 구어체에 가깝습니다. 마르코 복음서가 보여 주는 갑작스러운 결말은 책

의 나머지 부분과 온전히 하나를 이룹니다. 하지만 그 결말은 우리를 불편하게 합니다. 어떤 이들이 주장하듯 이는 그저 능숙하지 못한 작가가 빚어낸 미숙한 결과일까요? 아니면 앞서 제안했듯 우리가 이야기를 이어 가도록 촉구하는 심오한 신학적 도전이자 강력한 초대일까요? 이에 견주면 마태오의 이야기는 한결 차분하고 신중하며 자료들 또한 치밀한 계획에 따라 정교하게 배열되어 있습니다. 결말도 마르코보다 훨씬 매끄럽게 다듬어져 있지요. 그럼에도 마태오 역시 독자들이 '그다음에는 과연 무슨 일이 일어났을까?'를 끊임없이 묻게 만듭니다.

이제 루가 복음서로 시선을 옮겨 봅시다. 이 복음서가 앞선 두 복음서와는 사뭇 다른 문헌임을 알아채기란 그리 어렵지 않습니다. 마르코 복음서보다 거의 두 배나 긴 이 책은 그리스어에 능통한 대가가 정교하게 썼음이 분명합니다. 루가는 서두르지 않고 이야기를 천천히, 신중하고 품위 있게 들려줍니다. 그렇기에 복음서 끝자락에 다다르면 독자는 그 문체에 걸맞은 매끄럽고 세련된 마무리를 기대하게 됩니다. 그리고 어떤 면에서 루가 복음서는 꽤 명확하게 끝을 맺고 있어 이러한 기대를 저버리지 않는 듯 보입니다. 하지만 찬찬히 들여다보면 루가 역시 몇몇 대목을 매듭짓지 않은 채 열어 두어 우리를 어리둥절하게 만듭니다. 대체 왜 그랬을까요? 루가가 단순히 부주의했던 탓일까요? 아니면 자기가 짠 이야기의 몇몇 조각들을 일부러 미완의 상태로 남겨둔 것일까요?

어느 학자의 표현을 빌리면, 루가 복음서에서 예수는 "시간의 한가운데" 서 있습니다.[1] 루가 복음서 전체는 과거에 하느님께서 이루신 일들을 돌아보는 동시에 미래에 그분께서 이루실 일들을 내다봅니다. 그리고 이러한 특징은 복음서의 시작과 끝에서 뚜렷하게 드러납니다. 마르코는 구약성서를 활용해 이사야서에 기록된 말씀이 이제 성취되었다고 선언하며 자신의 이야기를 시작합니다. 그리고 루가는 이를 한층 더 선명하게 짚어내지요. 루가 복음서의 1장과 2장은 유대 성서의 언어와 어투를 빌려 씀으로써, 자신이 들려주는 이야기가 아주 오래전부터 시작된 거대한 이야기의 연장선에 있음을 일깨워 줍니다.[2] 그 이야기의 뿌리가 어찌나 깊은지, 루가는 예수의 족보를 거슬러 갈 때 마태오처럼 아브라함에서

---

[1] Hans Conzelmann, *The Theology of Saint Luke* (London: Faber; New York: Harper, 1960). 이 책의 원제가 『시간의 한가운데』Die Mitte Der Zeit입니다.

[2] 다음을 보십시오. Stephen Farris, *The Hymns of Luke's Infancy Narratives: Their Origin, Meaning and Significance*, JSNT Supplement series 9 (Sheffield: JSOT, 1985).

멈추지 않고 아담까지 올라갑니다. 복음서의 서막을 여는 이 야기, 즉 세례자 요한이 어떻게 태어났는지를 다룬 이야기는 사무엘기상 1장과 2장에 기록된 한나와 엘카나, 그리고 사무엘의 이야기를 짙게 반향합니다. 그렇게 함으로써 루가는 이스라엘의 역사 속에서 줄곧 활동하신 하느님께서 여전히 우리 가운데 당신의 뜻을 일구고 계신다고 이야기합니다. 그렇다면 그분은 무슨 일을 하고 계실까요? 즈가리야와 마리아, 그리고 목자들에게 나타난 천사들은 영감을 받은 예언자들 (즈가리야, 마리아, 시므온)의 입술에서 흘러나온 찬가들과 한데 어우러져 지금 일어나고 있는 일이 얼마나 중대한지를 일깨웁니다. 나아가 마리아에게서 태어난 아기를 통해 하느님께서 장차 어떤 일을 이루실지 미리 일러 줍니다.

예수께서 오심으로써 하느님의 백성 이스라엘이 구원을 얻는 동시에 이방의 모든 민족 역시 구원을 약속받습니다.[3,4] 복음서 마지막 장에 이르면 우리는 마르코 복음서의 결말과 마찬가지로 루가 복음서의 결말 역시 과거에 일어난 일들을 되돌아보고 미래에 일어날 일들을 내다본다는 사실을 발견하게 됩니다.

---

3 루가 1:32~33,54~55,68~79, 2:11,30~32,38.

4 루가 2:32, 4:24~27과 비교해 보십시오.

복음서의 시작과 끝은 마치 세워둔 책들을 지탱하는 책버티개처럼 전체 서사를 단단히 붙잡아 줍니다. 그러나 이 장치들은 단순히 이야기를 가두는 틀에 머물지 않습니다. 루가는 이 시작과 끝을 통해 아득한 과거에서 시작되어 지금까지 도도히 흐르고 있는 거대한 이야기의 앞과 뒤를 동시에 가리킵니다. 예수는 바로 그 '시간의 한가운데'에 서 있습니다.

루가의 이야기가 24장으로 끝나지 않고 계속 이어진다는 사실은 또 다른 이유에서도 명백합니다. 마르코나 마태오가 들려준 이야기와 루가가 들려주는 이야기 사이에는 눈에 띄는 차이가 하나 있기 때문입니다. 그에게는 후속편인 사도행전이 있습니다. 비록 루가가 마르코보다 한결 만족스러운 결말을 선사하기는 하지만 그가 쓴 복음서의 결말은 결코 서사의 마침표가 아닙니다. 사도행전의 첫머리를 빌려 표현하자면 이 첫 번째 책은 어디까지나 "예수께서 행하시고 가르치기 시작하신 모든 일"(사도 1:1)에 관한 기록이기 때문입니다. 이 이야기는 적어도 사도행전이 끝나는 지점까지 이어집니다. 우리는 사도행전에서 사도들이 예수의 발자취를 그대로 따르는 모습을 목격하게 됩니다. 루가는 능수능란하게 구약성서를 끌어와 예수의 이야기가 과거에 일어났던 일의 연장선에 있음을 복음서에서 뚜렷하게 밝힙니다. 마찬가지로 사도행전에서는 사도들의 이야기가 예수의 이야기를 고스란히 잇고 있음을 분명히 드러내지요. 예수처럼 사도들도 하느님 나라를 선포하고,[5] 비슷한 기적을 일으키며,[6] 박해와 죽음의 길을 기꺼이 감내합니다.[7] 그렇다면 복음서의 결말이 앞으로 사도행전에서 일어날 일들을 내다보고, 사도행전에서도 과거 복음서에서 일어났던 일들을 되돌아보는 것이 놀라운 일은 아닙니다. 루가는 우리에게 이 끈끈한 연결 고리를 계속 일깨웁니다.

더 흥미로운 사실은, 첫 번째 책의 끝과 두 번째 책의 시작이 서로 겹친다는 점입니다. 두 권짜리 책을 쓰면서 두 번째 책이 첫 번째 책의 주제를 이어받는 것은 자연스러운 일입니다. 이 두 권을 하나로 엮어 읽을 때, "시작은 끝을 우리에게 다시 한번 알려 주리라"라는 엘리엇의 시구처럼 두 책이 이루는 수미상관이 드러납니다.[8] 사도행전은 당대 2부작 문학 작품의 관례를 따라 복음서의 내용을 짤막하게 요약하며 문을 엽니다. 독자는 사도행전 도입부를 통해 저자가 "예

---

5 사도 1:3을 8:12 및 28:31과 비교해 보십시오.

6 사도 2:22을 2:43, 8:13 및 14:3과 비교해 보십시오.

7 사도 5:17~41, 7:54~60, 16:19~34 참조.

8 T. S. Eliot, *The Cultivation of Christmas Trees*.

수께서 활동을 시작하신 때로부터 그가 택하신 사도들에게 성령을 통하여 지시를 내리시고 하늘로 올라가신 날까지 하신, 모든 일"(사도 1:2)을 써 두었음을 알게 되지요.[9] 게다가 이 요약 뒤에는 복음서의 마지막 사건들을 다시 들려주는 대목이 이어집니다. 오늘날 우리가 2부작 드라마를 보거나 라디오극을 들을 때처럼 말이지요. 2부가 시작될 때는 흔히 앞선 이야기를 요약한 장면이 나온 다음 1부의 마지막 장면이 나오곤 합니다. 그런데 사도행전에서는 한 가지 당혹스러운 점이 발견됩니다. 이 책이 루가 복음서의 마지막 장면을 소환하는 방식은 루가가 원본을 쓴 후에 마치 그 장면을 새로 촬영한 듯한 인상을 주기 때문입니다. 루가가 전하는 승천 이야기는 미묘하게 엇갈립니다.

학자들은 종종 루가를 역사가라고 부릅니다. 신약학자들은 하느님께서 예수와 제자들을 통해 무슨 일을 하셨는지 들려주려 애쓴 작가에게 '역사가'라는 칭호를 붙이는 일이 과연 적절한지를 두고 오랜 기간 논쟁해 왔습니다. 물론 그가 쓴 책들은 유대 성서 중 여러 역사서와 유사한 구석이 많습

---

9   사도 1:1~2. 그리고 다음을 보십시오. Loveday C. A. Alexander, 'The Preface to Acts and the Historians', *History, Literature and Society in the Book of Acts* (Cambridge: Cambridge University Press, 1996), 73-103.

니다(이때 구약의 역사서들도 하느님께서 당신 백성의 역사에 개입해 하신 일들을 담은 기록이라는 점을 염두에 두어야 합니다).[10] 루가 복음서와 사도행전이 겹치는 방식은 열왕기상과 열왕기하가 겹치는 방식, 그리고 역대기하와 에즈라-느헤미야가 겹치는 방식과 흥미로운 평행을 이룹니다. 모두 앞선 책의 마지막 이야기가 다음 책에서 고스란히 되풀이되고 있지요. 마치 두 번째 책이 첫 번째 책에서 들려준 이야기의 연장선에 있음을 독자들에게 알리려는 듯 말입니다. 루가는 의도적으로 이 구약의 모형을 따랐을까요? 그렇다 하더라도 그리 놀라운 일은 아닐 것입니다. 앞서 살펴본 대로 루가 복음서는 시작부터 유대 성서의 언어로 가득 차 있습니다. 루가는 다른 여러 면에서도 유대 성서를 모형으로 삼아 적극적으로 활용합니다.[11]

이렇듯 루가는 자신의 두 권짜리 책이 하나로 이어져 있

---

10 역사에서 이루어지는 하느님의 활동에 대한 이러한 이해는 흔히 '구원사'Salvation history라고 불립니다.

11 앞서 언급했듯 루가는 복음서 초기 장들에서 구약성서의 언어를 사용할 뿐만 아니라 사무엘의 탄생 이야기(1사무 1:11~2:11)를 염두에 두고 세례자 요한의 이야기를 쓴 듯합니다. C. F. 에반스C. F. Evans의 이론이 옳다면 그는 신명기를 9:51에서 18:14에 이르는 '여행 서사'의 개요로 사용했을 것입니다. D. E. Nineham(ed.), *Studies in the Gospels: Essays in Memory of R. H. Lightfoot*, (Oxford: Blackwell, 1957), 37-53.

음을 독자들이 알아보도록 최선을 다했습니다. 하지만 안타깝게도 오랜 세월 수많은 독자가 이 부분을 보지 못했지요. 오늘날 우리가 읽는 신약성서가 하나로 묶일 때 루가 복음서와 사도행전이 서로 떨어져 배치되었기 때문입니다. 그래서 사람들은 두 책을 잇는 연결 고리를 보지 못한 채 지나치는 일이 잦았습니다. 하지만 루가에게 두 책은 유럽 도심을 누비는 2량 편성 트램과 같았습니다. 두 객차는 겉보기에 분리된 듯하나 실제로는 서로 연결되어 있으며 동일한 목적지를 향해 나아갑니다. 그러므로 마르코 복음서의 결말이 그러했듯 루가 복음서의 결말이 이야기의 다음 단계를 가리키고, 사도행전의 도입부가 이를 분명하게 드러낸다는 점은 전혀 놀랍지 않습니다. 그리고 같은 맥락에서 사도행전의 결말로 넘어갈 때 그곳에서도 똑같은 현상이 일어나는지, 즉 사도행전의 결말도 그다음에 일어날 일들을 내다보고 있는지 살필 필요가 있습니다.

먼저 루가 복음서부터 살펴보지요. 루가는 뛰어난 문학 소양을 지닌 사람이었습니다. 복음서 저자 가운데 가장 세련된 그리스어로 글을 썼고 이야기를 유려하게 풀어내는 법을 알았습니다. 그가 쓴 복음서의 결말은 마르코가 쓴 결말보다 훨씬 더 세련되게 다듬어져 있습니다. 아마 루가는 마르코 복음서보다 다른 자료에 더 기대어 글을 썼을 것입니다. 여인들이 무덤을 찾은 사건 역시 마르코 복음서와는 미묘하게 다르게 묘사하고 있지요.

이레의 첫날 이른 새벽에, 여자들은 준비한 향료를 가지고 무덤으로 갔다. 그들은 무덤 어귀를 막은 돌이 무덤에서 굴려져 나간 것을 보았다. 그들이 안으로 들어가 보니, 주 예수의 시신이 없었다. 그래서 그들이 이 일을 어떻게 해야 할지를 몰라서 당황하고 있는데, 눈부신 옷을 입은 두 남자가 갑자기 그들 앞에 나섰다. 여자들은 두려워서 얼굴을 아래로 숙이고 있는데, 그 남자들이 그들에게 말하였다. "어찌하여 너희들은 살아 계신 분을 죽은 사람들 가운데서 찾고 있느냐? 그분은 여기에 계시지 않고, 살아나셨다. 갈릴리에 계실 때에, 너희들에게 하신 말씀을 기억해 보아라. '인자는 반드시 죄인의 손에 넘어가서, 십자가에 처형되고, 사흘째 되는 날에 살아나야 한다'고 하셨다." 여자들은 예수의 말씀을 회상하였다. 그들은 무덤에서 돌아와서, 열한 제자와 그 밖의 모든 사람에게 이 모든 일을 알렸다. 이 여자들은 막달라 마리아와 요안나와 야고보의 어머니인 마리아이다. 이 여자들과 함께 있던 다른 여자들도, 이 일을 사도들에게 말하였다. 그러나 사도들에게는 이 말이 어처구니없는 말로 들렸으므로, 그들은 여자들의 말을 믿지 않았다. (루가 24:1~11)

향료를 준비해 무덤으로 간 여인들은 돌이 굴려져 있는 것을 발견하고 그곳에서 눈부신 옷을 입은 두 남자와 마주합니다. 그들은 "어찌하여 너희들은 살아 계신 분을 죽은 사람들 가운데서 찾고 있느냐"며 여인들을 부드럽게 꾸짖습니다. 여인들은 제자들에게 전할 전언을 받는 대신 직접 꾸짖음을 듣습니다. 마르코 복음서처럼 제자들에게 갈릴리로 돌아가라는 지시도 내려지지 않습니다. 대신 여인들은 스스로 예수께서 일찍이 갈릴리에서 당신의 죽음과 부활에 대해 들려주셨던 말씀들을 떠올립니다(루가 24:6). 무덤에서 만난 눈부신 옷을 입은 두 남자(마르코 복음서처럼 하나가 아니라 둘입니다)의 출현은 독자의 기억을 흔들어 깨웁니다. 복음서 앞부분의 내용을 일깨워 주기 때문이지요. 루가는 "여자들은 예수의 말씀을 회상하였다"(루가 24:8)고 기록합니다. 이 말은 여인들이 예수께서 하신 말씀을 떠올렸기 때문에 천사들의 말을 신뢰할 수 있었다는 뜻일까요? 아니면 예수께서 죽음을 두고 하신 말씀이 이루어졌음을 깨닫고 다시 살아나리라 하신 말씀

역시 참되리라는 결론에 도달한 것일까요? 그렇다면 그들은 부활하신 예수를 직접 뵙지 않고도 이미 믿음의 영역에 들어선 셈입니다. 이후 여인들은 곧장 열한 제자에게 돌아가 자신들이 보고 들은 모든 것을 전합니다. 그리고 믿음에 실패하는 쪽은 여인들이 아니라 제자들입니다. 그들은 여인들에게서 들은 이야기를 "어처구니없는 말"로 치부하며 믿지 않습니다(루가 24:11). 하지만 베드로는 제 눈으로 확인하고자 무덤으로 달려갔고, 여인들의 보고가 정확했음을 확인하며 놀라움에 사로잡힙니다(루가 24:12).[12]

루가 복음서와 마르코 복음서의 가장 큰 차이는 루가가 부활하신 예수를 직접 본 사건들을 기록하며 두 사건의 주된 무대를 모두 예루살렘으로 삼는다는 데 있습니다. 첫 번째 사건은 엠마오로 가는 길에서 일어난 사건입니다(루가 24:13~35). 두 제자는 부활하신 예수를 만나지만 그분을 알아보지 못하고, 오히려 그분에게 그동안 무슨 일이 일어났는지를 털어놓습니다. 그들에게 예수는 이스라엘을 해방할 약속된 구원자였습니다. 그러나 그 간절한 희망은 십자가 처형과 함께 산산조각이 났습니다. 무덤이 비어 있다거나 천사들이

12　이 구절은 서방 사본에 빠져 있고 후대의 첨가일 가능성이 있습니다.

여인들에게 그분이 살아 계신다고 일러 주었다는 소문이 돌고 있기는 하지만, 그들에게 그 소문은 여전히 믿기 힘든 이야기에 불과했지요(루가 24:19~23). 이 이야기를 읽는 독자들은 아이러니를 만끽합니다. 제자들이 자기도 모르는 사이에 예수 앞에서 그분의 이야기를 늘어놓고 있다는 사실을 독자들은 잘 알기 때문이지요. 루가가 이 사건을 굳이 기록하는 이유도 알고 있습니다. 이 사건이야말로 예수께서 진실로 즈가리야와 안나가 올 것이라고 말했던(루가 1:68, 2:38) 이스라엘의 약속된 구원자이심을 증명하기 때문입니다.

이제 예수께서는 모세와 예언자들부터 시작하여 성서 전체가 어떻게 당신을 가리키는지 두 제자에게 찬찬히 풀어 설명하십니다.

예수께서는 그들에게 말씀하셨다. "어리석은 사람들입니다. 예언자들이 말한 모든 것을 믿는 마음이 그렇게도 무디니 말입니다. 그리스도가 마땅히 이런 고난을 겪고서, 자기 영광에 들어가야 하지 않겠습니까?" 그리고 예수께서는 모세와 모든 예언자에서부터 시작하여 성경 전체에서 자기에 관하여 써 놓은 일을 그들에게 설명하여 주셨다. (루가 24:25~27)

길 위에서 제자들이 들려준 내용, 희망이 꺾였다는 그들의 말은 그때까지 루가가 전한 예수의 이야기 전체를 독자가 다시금 되짚어 보게 만듭니다. 동시에 예수께서 건네신 말씀은 우리가 그 이야기를 새로운 빛에 비추어 바라보게 합니다. 이윽고 예수께서 빵을 떼어 나누시며 제자들에게 (그리고 독자들에게) 지난날의 기억을 일깨워 주시자 그들은 비로소 그분을 알아봅니다. 그리고 그 순간 그분은 그들 눈앞에서 홀연히 사라지십니다(루가 24:30~31).[13] 이 지점까지 제자들이 예수를 알아보지 못했다는 사실은 매우 충격적입니다. 믿음이 동터 올 때에야 비로소 그들의 눈은 열려 예수를 보게 되고 그 순간 그분은 사라지십니다. 진정으로 중요한 일은 "그리스도가 마땅히 이런 고난을 겪고서, 자기 영광에 들어가야" 한다는 진리를 제자들이 붙잡는 것, 빵을 떼어 나누어주시고, 성서를 풀어주실 때 그분이 자신들과 함께하심을 깨닫는 것입니다. 예루살렘에서 수 킬로미터 떨어진 엠마오에서 제자들이 예수를 알아보았다는 사실은 훗날 믿음을 품게 될 이들을 위한 하나의 본이 됩니다. 이에 따르면 부활하신 주님

---

13 바로 이 시점에 예수를 알아본 것은 결코 우연이 아닙니다. 제자들은 과거에 그분이 빵을 떼시던 순간을 떠올립니다. 이는 복음서에서 예수께서 제자들과 함께하신 식사를 되돌아보게 하는 동시에 사도행전에서 그리스도인 공동체가 나누게 될 식사를 내다보게 합니다.

을 만나기 위해 굳이 무덤을 찾아가거나 예루살렘에 머물 필요가 없습니다.

첫 번째 이야기(여인들이 무덤을 방문한 이야기)와 마찬가지로 이 이야기에도 베드로에 관한 후일담이 덧붙어 있습니다. 여기서는 '시몬'이라고 불리지만 말이지요. 짐작건대 그가 베드로(반석)라는 이름에 걸맞게 살지 못하고 실패했기 때문일 것입니다. 제자들이 예루살렘으로 급히 되돌아가자 그곳에 모인 이들은 "주님께서 확실히 살아나시고, 시몬에게 나타나셨다"(루가 24:34)며 그들을 맞이합니다.

이제 예수께서는 예루살렘에 있는 제자들에게 나타나십니다.

그들이 이런 이야기를 하고 있을 때에, 예수께서 몸소 그들 가운데 들어서서 말씀하셨다. "너희에게 평화가 있어라." 그들은 놀라고, 무서움에 사로잡혀서, 유령을 보고 있는 줄로 생각하였다. 예수께서는 그들에게 말씀하셨다. "어찌하여 너희는 당황하느냐? 어찌하여 마음에 의심을 품느냐? 내 손과 내 발을 보아라. 바로 나다. 나를 만져 보아라. 유령은 살과 뼈가 없지만, 너희가 보다시피, 나는 살과 뼈가 있다." 이렇게 말씀하시고, 그는 손과 발을 그들에게 보이셨다. 그들은 너무 기뻐서, 아직도 믿지 못하고 놀라워하고 있는데, 예수께서 그들에게 말씀하셨다. "여기에 먹을 것이 좀 있느냐?" 그래서 그들이 예수께 구운 물고기 한 토막을 드렸다. 예수께서 받아서, 그들 앞에서 잡수셨다. (루가 24:36~43)

무덤을 찾았던 여인들이 그러했듯 제자들은 두려움에 사로잡히고 여인들의 보고를 처음 접했을 때와 마찬가지로 불신과 경이로움 사이에서 방황합니다. 이 장면은 예수를 두 눈으로 직접 뵈는 일이 곧 그분을 온전히 믿는 일과 늘 겹치지는 않음을 보여 줍니다. 제자들이 당신을 유령으로 여기자 예수께서는 그들에게 당신을 직접 만져 보라 하시고 당신에게 "살과 뼈"가 있음을 똑똑히 보여 주시려고 그들 앞에서 구운 물고기를 드십니다. 이어서 그분은 다시 한번 당신께서 생전에 가르치셨던 바를 상기시키십니다. 모세의 율법과 예언서, 시편 등 성서에 당신을 두고 기록된 모든 말씀이 반드시 이루어야만 했다는 점을 제자들에게 일깨워 주시지요.

예수께서 그들에게 말씀하셨다. "내가 전에 너희와 함께 있을 때에 너희에게 말하기를, 모세의 율법과 예언서와 시편에 나를 두고 기록한 모든 일이 반드시 이루어져야 한다고

하였다." 그 때에 예수께서는 성경을 깨닫게 하시려고, 그
들의 마음을 열어 주시고, 그들에게 말씀하셨다. "이렇게 기
록되어 있다. 곧 '그리스도는 고난을 겪으시고, 사흘째 되는
날에 죽은 사람들 가운데서 살아나실 것이며, 그의 이름으
로 죄 사함을 받게 하는 회개가 모든 민족에게 전파될 것이
다' 하였다." (루가 24:44~47)

이 대목에서 우리는 앞서 선포된 말씀을 다시 한번 되새기게
됩니다. 다만 이번에는 앞선 두 이야기(여인들 이야기, 엠마오
이야기)에 담긴 두 가지 사유가 하나로 엮입니다. 루가가 줄
곧 들려주었던 예수의 가르침(루가 24:6~7 참조)과 루가의 이야
기가 시작되기 훨씬 전부터 기록된 성서 이야기(루가 24:27 참
조) 모두를 나란히 되돌아보게 되기 때문입니다.[14]

결국 이 모든 이야기는 지금까지 일어난 일들이 다름 아
닌 하느님의 계획이었음을 증언합니다. 메시아를 두고 성서
에 기록된 모든 말씀은 반드시 이루어져야만 했고 예수께서
는 이를 온전히 꿰뚫어 보고 계셨습니다. 이 마지막 이야기

---

14   이 두 주제의 중요성에 관해서는 다음을 보십시오. Marinus C. De
     Boer(ed.), *From Jesus to John: Essays on Jesus and New Testament Christology in
     Honour of Marinus de Jonge*, JSNT Supplement series 84 (Sheffield: JSOT Press,
     1993), 216-230.

에서 성서는 단순히 예수의 죽음과 부활만을 가리키지 않습니다. 성서는 예수의 이름으로 선포될 회개와 죄의 용서라는 더 넓은 지평까지도 품습니다.[15] 복음서 서막에서 세례자 요한이 이스라엘 백성에게 외쳤던 그 회개의 선포는 이제 모든 민족을 향해 울려 퍼집니다(루가 24:47).

이어 예수께서는 당신의 증인이 되어 기쁜 소식을 전하라는 사명을 제자들에게 맡기시고, 당신의 아버지께서 약속하신 선물, 곧 성령을 보내주겠다고 말씀하십니다.

> 너희는 이 일의 증인이다. 나는 내 아버지께서 약속하신 것
> 을 너희에게 보낸다. 그러므로 너희는 위로부터 오는 능력
> 을 입을 때까지, 이 성에 머물러 있어라. (루가 24:48~49)

이 역시 세례자 요한이 복음서 첫머리에서 선언했던 바를 다시금 일깨웁니다(루가 3:16 참조). 마지막으로 예수께서는 베다니로 제자들을 데리고 가시고 그들을 축복하신 뒤 다시 그들 눈앞에서 홀연히 사라지십니다.

---

15 제자들은 그의 이름으로 죄의 용서에 이르는 회개를 선포하라는 지시를 받습니다. 루가는 이 역시 성서에 기록된 바라고 언급하지요(루가 24:46 이하). 따라서 사도행전의 이야기는 복음서와 마찬가지로 성서의 성취이자 하느님의 지속적인 활동의 일부로 간주됩니다.

그리고 예수께서는 그들을 베다니까지 데리고 가서, 손
을 들어 그들을 축복하셨다. 예수께서는 그들을 축복하
시는 가운데, 그들에게서 떠나 하늘로 올라가셨다.[16] (루가
24:50~51)

루가 복음서의 마지막 구절은 마치 모든 시련이 끝나고 행복
이 찾아온 동화의 결말을 보는 듯한 인상을 줍니다. 메시아
께서 마침내 당신의 영광에 들어가셨기에 제자들은 "크게 기
뻐하면서, 예루살렘으로 돌아가서, 하느님을 찬양하면서 날
마다 성전에서"(루가 24:52~53) 지냅니다. 루가는 이야기의 궤
적을 둥글게 이어 그가 이야기를 시작했던 곳, 예루살렘 성
전으로 우리를 다시 데려다 놓습니다. 제자들이 맛본 큰 기
쁨은 천사들이 즈가리야와 목자들에게 건넸던 복된 소식을
반향합니다.[17] 또한 그들은 즈가리야와 시므온이 그러했듯
하느님께 찬양을 올립니다.[18] 성전에 머물며 끊임없이 드리
는 예배는 밤낮으로 성전을 떠나지 않고 기도했던 안나의 모

---

16 예수께서 하늘로 올려지셨다는 언급은 제자들이 그에게 경배했다는
    진술과 마찬가지로 후대의 첨가일 가능성이 높습니다.

17 루가 1:14, 2:10.

18 루가 1:64, 2:28.

습을 떠올리게 합니다.[19] 복음서를 시작하며 피어오르기 시작했던 기대가 마침내 온전히 성취된 듯 보입니다. 1장과 2장에서 알렸던 대로 이제 예수가 참된 메시아(루가 24:46)이자 주님(루가 24:34)임이 분명하게 드러났습니다.[20]

하지만 한 꺼풀 벗겨보면, 이 결말은 전적으로 동화 같은 해피엔딩이 아닙니다. 제자들은 평온하고 달콤한 일상에 안주하도록 허락받지 않았습니다. 루가가 복음서 도입부에서 이미 분명히 짚어두었듯 몇 가지 과제들이 아직 성취되지 않은 채 남아 있습니다. 이야기의 시작부에서 우리를 설레게 했던, 이방인들을 위한 구원의 약속은 과연 어떻게 된 것일까요?[21] 루가 복음서의 기이한 특징 중 하나는 예수께서 이방인들을 도우신 흔적이 거의 발견되지 않는다는 점입니다.[22] 어찌 된 일일까요? 루가가 자신이 처음에 기록했던 그 약속을 잊어버린 것일까요? 게다가 이야기 중반부에 등장하

---

19 루가 2:37.

20 루가 2:11, 1:43과 비교해 보십시오.

21 루가 2:32. 또한 4:24~27을 보십시오.

22 예외는 루가 7:1~10에 나오는 백부장의 종 이야기입니다. 하지만 마태오 복음서(마태 8:5~13)에 있는 마지막 말들이 빠져 있습니다. 또한 루가는 마태 2:1~12, 4:15~16, 12:18~21, 28:19 등에 나오는 이방인에 대한 언급들을 포함하지 않지요. 가장 주목할 만한 '생략'은 마태 15:21~28(마르 7:24~30 평행)에 나오는 이방인 어머니의 이야기입니다.

는 또 하나의 커다란 약속, 곧 예수께서 성령으로 세례를 주실 것이라는 약속은 어떻게 된 것일까요?[23] 복음서 결말에 그분은 복음을 세상으로, 즉 이방 세계로 실어 나르라는 사명을 제자들에게 맡기시며 성령에 관한 약속을 다시금 상기시키십니다. 하지만 정작 이 일들이 실제로 일어나기도 전에 복음서의 책장은 덮이고 말지요. 여기에는 여전히 그 성취를 기다리는 두 가지 기대, 곧 아직 매듭지어지지 않은 두 가닥의 실타래가 우리 앞에 남겨져 있습니다.[24]

학계에서는 종종 이러한 질문을 던지곤 합니다. '루가는 첫 번째 책(루가 복음서)을 집필할 때 이미 두 번째 책(사도행전)을 쓸 생각을 하고 있었을까?' 예수께서 세상에 오신 일이 이방인들에게 어떻게 구원을 가져다주는지 첫 번째 책에서 별달리 이야기하지 않았다는 사실은 그가 후속편을 이미 염두에 두고 있었음을 넌지시 알려 줍니다. 그는 이방인을 향해 복음을 선포하는 일이 이야기의 다음 단계에 속한다는 점을

---

23 루가 3:16. 이 약속은 세례자 요한의 입을 통해 전해지는데 그는 가브리엘에 의해 예수의 선구자이자 스스로 성령이 충만한 자로 선포되었으므로 그의 증언은 신뢰할 수 있는 것으로 간주됩니다(루가 1:13~20).

24 루가의 결말에 관해서는 다음을 보십시오. R. Tannehill, *The Narrative Unity of Luke-Acts*, vol. 1 (Philadelphia: Fortress, 1986), 277-301.

명확히 인지하고 있었습니다. 하지만 우리에게는 매듭지어지지 않은 가닥이 하나 더 있습니다. 복음서 앞부분으로 되돌아가 보면, 영감을 받아 예수께서 세상에 오신 일의 신학적 의미를 풀어냈던 이들은 그 의미가 이스라엘의 구원에 있다고 소리를 높였습니다. 방점은 하느님께서 당신의 백성에게 하신 약속이 성취되었다는 데 있었고, 이방인의 구원은 그 거대한 구원 사건에서 파생된, 일종의 선물과 같았습니다. 이제 복음서 끝자락에서 우리는 이 이야기가 이방인들에게 나아가라는 사명과 함께 막을 내리는 모습을 봅니다. 주님의 진군 명령을 따르기만 한다면, 이방인들을 향한 약속은 성취될 것입니다. 제자들은 성령을 내려 주시겠다는 약속도 다시 한번 받았습니다. 그렇다면 이 모든 이야기의 출발점이었던 이스라엘의 구원은 지금 어디에 있습니까? 엠마오로 향하던 두 제자는 예수께서 이스라엘을 구원하실 것이라는 희망을 품었으나 이제 그 희망은 산산이 부서진 듯했습니다(루가 24:21). 그들이 되새겼던 그 구원의 약속은 과연 어떻게 된 것일까요? 마르코 복음서보다 훨씬 정갈하게 다듬어진 것처럼 보이는 루가 복음서의 결말 역시 마르코 복음서 못지않게 독자가 다음에 일어날 일들을 간절히 기다리게 만듭니다.

사도행전의 첫 장면에서는 루가가 앞서 미처 매듭짓지 않은 세 가지 과제가 다시금 수면 위로 떠오릅니다.[25] 사도행전은 복음서가 끝을 맺었던 바로 그곳, 곧 예루살렘과 그 인근에서 시작됩니다. 사도행전 1장 4절에서 8절까지에 기록된 예수의 마지막 지시는 루가 복음서 24장을 되풀이하고 있습니다.

예수께서 사도들과 함께 잡수실 때에 그들에게 이렇게 분부하셨습니다. "너희는 예루살렘을 떠나지 말고, 내게서 들은 아버지의 약속을 기다려라. 요한은 물로 세례를 주었으나, 너희는 여러 날이 되지 않아서 성령으로 세례를 받을 것이다." 사도들이 한 자리에 모였을 때에 예수께 여쭈었다. "주님, 주님께서 이스라엘에게 나라를 되찾아 주실 때가 바로 지금입니까?" 예수께서 그들에게 말씀하셨다. "때나 시기는 아버지께서 아버지의 권한으로 정하신 것이니, 너희가 알 바가 아니다. 그러나 성령이 너희에게 내리시면, 너희는 능력을 받고, 예루살렘과 온 유대와 사마리아에서, 그리고 마

---

25 루가 24장과 사도행전 1장 사이의 평행에 관해서는 다음을 보십시오. Mikeal C. Parsons, *The Departure of Jesus in Luke-Acts: The Ascension Narratives in Context*, JSNT Supplement series 21 (Sheffield: JSOT Press, 1987).

침내 땅 끝에까지 이르러 내 증인이 될 것이다."(사도 1:4~8)

예수께서는 먼저 제자들이 머지않아 성령을 받으리라고 약속하시며, 이 약속은 거의 곧바로 이루어집니다(사도 2:1~4). 이어서 그분은 당신의 증인이 되라는 사명을 제자들에게 한층 더 구체적으로 풀어주십니다. 예루살렘과 온 유다와 사마리아와 땅끝에 이르기까지 증인이 되라고 하시지요.[26] 사도행전의 나머지 부분은 사도들이 어떻게 예루살렘에서 출발해 유다와 사마리아를 거쳐 마침내 훨씬 더 먼 곳까지 나아가 유대인뿐만 아니라 이방인들에게도 복음을 전했는지 들려줍니다.

이제 독자 앞에는 세 번째로 매듭지어지지 않은 결말이 남아 있습니다. 바로 루가 복음서 1~2장이 선포했던, 이스라엘의 구원에 관한 약속 말이지요. 이는 엠마오로 향하던 제자들이 그토록 갈망했던 희망, 즉 예수께서 이스라엘을 해방해 주실 분이라는 믿음과도 연결되어 있습니다. 제자들이 예수의 말씀을 가로막으며 "주님, 주님께서 이스라엘에게 나라를 되찾아 주실 때가 바로 지금입니까?"라고 물을 때 독자들

---

26 이 구절은 사도 13:47에 인용된 이사 49:6을 암시하는 것일 수 있습니다.

은 그들의 절박한 심정을 감지할 수 있습니다. 하지만 예수께서는 그 일이 일어나는 때와 시기는 너희가 알 바 아니라고 대답하시고, 그들의 희망은 또다시 먼 미래로 밀려납니다 (사도 1:6~7).

사도행전을 계속 읽어 내려가다 보면 성령과 모든 민족을 향한 선교를 두고 예수께서 남기신 마지막 말씀이 어떻게 이루어지는지 보게 됩니다. 이 책은 이방인들이 기쁘게 복음에 응답하고 성령을 받아들이는 역동적인 기록으로 가득합니다. 그러나 그 이면에는 유대인들이 번번이 복음을 배척하는 모습이 있습니다. 그렇다면 루가 복음서 앞장에 뚜렷하게 새겨진 이스라엘의 구원에 대한 약속은 과연 어떻게 된 것일까요?[27]

이제 그 답을 찾아 사도행전의 마지막 장으로 넘어가 봅시다. 루가가 자신의 두 번째 책을 어떻게 매듭짓는지 살펴보지요. 어쩌면 그가 마침내 이야기를 매듭짓고 그간 남겨두었던 모든 실타래를 하나로 엮어 냈을지도 모르니 말입니다. 사도행전 끝에 이르러 바울은 죄수의 몸으로 로마에 입성합니다. 다행히 자신의 숙소에 따로 머물도록 허락받기는

---

27 루가 1:32~33,54~55,68~79, 2:11,30~32,38 참조.

했지만 말이지요.

> 우리가 로마에 들어갔을 때에, 바울은 그를 지키는 병사 한
> 사람과 함께 따로 지내도 된다는 허락을 받았다. (사도 28:16)

그곳에서 일어난 일들은 루가 복음서 마지막 부분에 기록된
예수의 재판 기사뿐만 아니라 사도행전의 서두와도 흥미로
운 공명을 이룹니다.[28] 바울이 자신이 로마에 오게 된 경위를
설명하는 대목은 22장부터 26장까지 이어졌던 긴박한 여정
을 요약합니다.[29]

> "동포 여러분, 나는 우리 겨레와 조상들이 전하여 준 풍속을
> 거스르는 일을 한 적이 없습니다. 그런데도 나는 죄수가 되
> 어서, 예루살렘에서 로마 사람의 손에 넘겨졌습니다. 로마
> 사람은 나를 신문하여 보았으나, 사형에 처할 만한 아무런

---

28 바울은 예수처럼 자신에게 제기된 혐의에 대해 무죄한 것으로 언급
    되며, 자신을 해하려 공모한 유대인들에 의해 로마인의 손에 넘겨졌
    습니다(사도 28:17).

29 P. Schubert, 'The Final Cycle of Speeches in the Book of Acts', *JBL* 87
    (1968), 1-16. 그는 이 구절이 "22~26장을 적절하게 요약한다"고 말합
    니다(10).

근거가 없으므로, 나를 놓아주려고 하였습니다. 그러나 유대 사람이 반대하는 바람에, 하는 수 없이 내가 황제에게 상소한 것입니다. 나는 절대로 내 민족을 고발하려는 것이 아니었습니다. 이런 까닭으로, 나는 여러분을 뵙고 말씀드리려고, 여러분을 오시라고 청한 것입니다. 내가 이렇게 쇠사슬에 매여 있는 것은, 이스라엘의 소망 때문입니다." (사도 28:17~20)

우리와 작별을 고하는 마지막 순간에도 바울은 여전히 하느님 나라를 선포하며 예수에 관해 가르치고 있습니다.

그는 아무런 방해도 받지 않고, 아주 담대하게 하느님 나라를 전하고, 주 예수 그리스도에 관한 일들을 가르쳤다. (사도 28:31)

이는 수미상관의 좋은 본보기라 할 수 있습니다. 사도행전 1장 3절에서, 부활하신 예수께서도 40일 동안 제자들에게 하느님 나라에 대해 가르치셨기 때문입니다. 이러한 연결 고리는 우리를 첫 번째 책인 루가 복음서로 되돌려 보냅니다. 사도행전 1장 1절이 일깨워 주듯 예수께서 친히 행하시고 가르치기 시작하신 모든 일을 루가가 들려준 곳은 바로 그의 첫 번째 책이었기 때문입니다. 마르코 복음서에서처럼 저자는 이 거대한 이야기의 시발점인 복음서를 다시 읽어 보라고 강력하게 요청하고 있습니다.

하지만 사도행전의 결말은 어딘지 모르게 아쉬움을 남깁니다. 그때까지 이 책은 그 자체로 거대한 규모와 강한 긴장감을 품은 서사를 들려주었습니다. 사적 제재와 폭동, 암살 음모와 구사일생의 탈출, 그리고 난파에 이르기까지 온갖 고초를 겪은 끝에 바울은 마침내 제국의 심장부인 로마에 다다랐습니다. 그러므로 독자인 우리가 장엄한 절정을 기대하는 것은 이상한 일이 아닙니다. 그런데 루가는 이야기를 어떻게 마무리하던가요?

> 바울은 자기가 얻은 셋집에서 꼭 두 해 동안 지내면서, 자기를 찾아오는 모든 사람을 맞아들였다. 그는 아무런 방해도 받지 않고, 아주 담대하게 하느님 나라를 전하고, 주 예수 그리스도에 관한 일들을 가르쳤다. (사도 28:30~31)

우리는 무언가 더 있으리라 기대하며 다시 한번 책장을 넘기지만, 기다리는 것은 텅 빈 여백뿐입니다. 이 결말은 마르코 복음서의 결말만큼이나 갑작스럽습니다. 과연 이 결말을 온전한 결말이라 할 수 있을까요? 그토록 우아한 필치를 자랑하던 루가의 기량이 갑자기 녹슬기라도 한 것일까요?

학자들은 루가가 왜 하필 이 지점에서 글을 멈추었는지 설명하려 수많은 가설을 제시했습니다.[30] 어떤 이들은 그가 세 번째 책을 구상했다고 주장합니다. 가능성이 전혀 없는 이야기는 아니지만 세 번째 책이 나왔다 한들 앞선 두 책에 비해 그 비중이 현저히 낮은 후기에 그쳤을 가능성이 높습니다. 게다가 완성도를 중시하는 루가라면 세 번째 책을 준비하기보다는 두 번째 책을 조금 더 깔끔하게 마무리 짓지 않았을까요? 또 다른 가설은 루가가 자신이 글을 쓰던 최신 상황까지 이야기를 끌고 왔기에, 바울이 여전히 로마에 갇혀 있어서 더는 들려줄 이야기가 없었다는 것입니다. 하지만 이 가설은 사도행전뿐 아니라 공관복음 전체의 집필 연대를 복잡하게 꼬아버리는 결과를 초래합니다. 루가 복음서는 분명 사도행전보다 먼저 쓰였고, 마르코 복음서에 기대고 있기 때문입니다. 사도행전이 쓰인 정확한 시기를 확신할 수는 없

---

30 이에 대한 간략한 설명은 다음을 보십시오. C. K. Barrett, *A Critical and Exegetical Commentary on the Acts of the Apostles*, vol. 2 (Edinburgh: T. & T. Clark, 1998), 1248-1250.

지만, 적어도 기원후 70년보다 한참 뒤에 쓰였음이 분명합니다.[31] 루가가 바울의 순교 장면을 서술하는 데 부담을 느껴 이를 부러 회피했을 것이라는 의견도 있습니다. 그러나 루가가 예수의 수난과 죽음을 세밀하고 담담하게 전했다는 사실을 떠올리면 바울의 죽음을 피했을 것이라는 추측은 설득력이 떨어집니다. 바울의 이야기가 어떻게 끝날지는 너무나 뻔합니다. 재판이 어떤 결과를 낳을지 조금도 의심하지 않을 만큼, 피할 수 없는 결말을 향한 복선들이 사도행전에 충분히 깔려 있습니다.[32] 어떤 이들은 루가가 바울의 처형 장면을 묘사하고 싶어 하지 않았다고 주장하기도 합니다. 책의 다른 대목들에서는 로마 제국의 통치가 얼마나 공정하고 치우침 없는지 보여 주려 애썼는데, 처형 장면은 그러한 노력과 정면으로 부딪치기 때문이라는 말이지요. 하지만 이야기를 이 지점에서 끊는다고 해서 그런 문제가 해결되지는 않습니다. 당시 독자들은 그 결과를 이미 알고 있었을 테니까요(몰랐다면 대체 결과가 어떻게 되었느냐고 따져 물었겠지요). 물론 바울이

---

[31] 루가 21:20~24 참조.

[32] 루가 18:32의 수난 예고를 반향하는 사도 20:25,38, 21:11을 보십시오. 다른 예언들이 성취되었으므로 우리는 이 예언 역시 성취될 것임을 확신할 수 있습니다.

풀려나 선교를 이어 갔다는 전승도 있습니다. 하지만 루가는 그 전승을 전혀 알지 못하는 듯하며 바울의 운명을 예고했던 수많은 발언은 바울이 옥살이 끝에 죽음을 맞이했음을 암시합니다.[33]

그렇다면 루가는 왜 바울이 로마에 죄수로 갇힌 상태에서 이야기를 끊어버렸을까요? 여기에 어떤 의도가 담겨 있지는 않을까요? 이와 관련해 학자들은 열왕기하의 종결부와 사도행전의 결말 사이에서 발견되는 매우 흥미로운 평행에 주목합니다.[34] 열왕기하 마지막 대목에서 유다의 마지막 왕인 여호야긴은 바빌론의 감옥에서 풀려나지만 여전히 그 도성의 궁정에 갇혀 지냅니다. 이는 나라가 재건되기를 열망하면서도 아직은 그 희망이 이루어지지 않았음을 보여 주는 상징이었습니다. 왕은 아니었으나 바울 역시 다름 아닌 이스라엘의 희망 때문에 로마의 감옥에 갇힌 죄수가 되었습니다.[35]

> 내가 이렇게 쇠사슬에 매여 있는 것은, 이스라엘의 소망 때문입니다. (사도 28:20)

---

33 앞의 주석 참조.
34 P. R. Davies, 'The Ending of Acts', *Expository Times* 94 (1982-1983), 334.
35 사도 26:6 참조.

루가는 이 두 상황 사이에서 어떤 평행을 보았는지도 모르겠습니다. 게다가 그는 자신이 쓴 복음서의 결말과 사도행전의 결말 사이에 다분히 의도를 담아 평행선을 그린 것처럼 보입니다. 루가 복음서 결말에서 제자들은 이스라엘 예배의 중심인 예루살렘으로 돌아가 하느님을 찬양하고 성전에서 시간을 보내며 본격적인 선교의 때를 기다립니다. 또한 사도행전의 끝에서 바울은 이방 세계의 중심인 로마의 자기 셋집에 머물며 자신을 찾아오는 모든 이에게 하느님 나라를 선포하고 그리스도에 관해 가르치지요. 바울의 가르침은 루가 복음서 24장의 주제들을 고스란히 계승합니다. 앞서 루가는 부활하신 예수께서 성서의 증언을 깨닫지 못하는 제자들을 꾸짖으시며 모세와 예언서, 시편을 풀이해 주셨다고 전했습니다 (루가 24:25~27,32,44~47). 이제 사도행전에서는 바울이 유대인들에게 성서를 풀어 설명합니다.

> 그는, 아침부터 저녁까지, 그들에게 하나님 나라를 엄숙히 증언하고, 모세의 율법과 예언자의 말을 가지고 예수에 관하여 그들을 설득하면서 그의 속내를 터놓았다. (사도 28:23)

그리고 그들이 믿지 않자 그 불신앙을 꾸짖지요.

그들이 이렇게 견해가 서로 엇갈린 채로 흩어질 때에, 바울은 이런 말을 한마디 하였다. "성령께서 예언자 이사야를 통하여 여러분의 조상에게 하신 말씀은 적절합니다. 곧 이런 말씀입니다. '이 백성에게 가서 말하여라. 너희가 듣기는 들어도 깨닫지 못하고, 보기는 보아도 알지 못한다. 이 백성의 마음이 무디어지고 귀가 먹고 눈이 감기어 있다. 이는 그들로 하여금 눈으로 보지 못하게 하고 귀로 듣지 못하게 하고 마음으로 깨닫지 못하게 하고 돌아서지 못하게 하여, 내가 그들을 고쳐 주지 않으려는 것이다.' 그러므로 여러분은 하느님의 이 구원의 소식이 이방 사람에게 전파되었음을 알아야 합니다. 그들은 그것을 듣고 받아들일 것입니다." (사도 28:25~28)

루가 복음서의 끝에서 제자들은 예루살렘에 머물며 하느님을 찬양하고 때를 기다리나 사도행전의 끝에서 예수에 관한 기쁜 소식은 이미 로마에 다다랐습니다. 그리고 복음은 모든 이를 향해 거침없이 선포됩니다. 이야기는 분명 거대한 진보를 이루었습니다. 하지만 이것이 곧 최종 결말은 아닙니다. 여전히 복음을 믿지 않는 이들이 남아 있으며 듣지 못한 이들 또한 곳곳에 있기 때문입니다.

끝이 오지 않았기에 풀려 있는 결말들은 아직 매듭지어지지 않았습니다. 그러나 그 시간 속에서도 성령께서는 쉼 없이 활동하고 계십니다. 성령께서 예언자 이사야를 통해 선포하신 말씀이 하나씩 실현되고 있으며(25절) 이방인들은 복음에 기쁘게 응답하고 있습니다(28절). 그리고 바울은 이스라엘의 희망을 위해 기꺼이 쇠사슬에 묶이는 고난을 감내하고 있습니다(20절).

루가의 결말을 두고 많은 이는 마르코 복음서의 마무리만큼이나 맥 빠진 결론이라며 실망 섞인 평가를 내놓기도 합니다. 하지만 이 결론을 강렬하게 승리를 드러내는 결론이라 일컫는 이들도 있습니다.[36] 앞서 살펴보았듯 마르코 복음서의 결말은 허술하지 않습니다. 그렇다면 사도행전의 결말 역시 그와 유사한 무게를 지니고 있다고 볼 수 있지 않을까요? 루가가 서사를 어떤 장면으로 마무리했는지 다시 한번 찬찬히 들여다봅시다.[37] 바울은 그토록 염원하던 로마에 다다라,

---

36 H. J. Cadbury, *The Making of Luke-Acts* (London: SPCK, 1958), 324. 그리고 다음을 참조하십시오. F. F. Bruce, *The Acts of the Apostles* (London: Tyndale Press, 1952), 481. 그는 이 결말이 "예술 작품과도 같고 강력하다"고 묘사합니다. 그리고 다음도 참조하십시오. J. H. Moulton, G. Milligan, *The Vocabulary of the Greek Testament* (London: Hodder & Stoughton, 1930), 20.

37 루가는 바울의 마지막 로마 여행과 그곳에 도착한 일을 일종의 승리

유대인들을 자기 집으로 불러 모으고는 자기가 처한 상황을 설명합니다.[38]

> 내가 이렇게 쇠사슬에 매여 있는 것은, 이스라엘의 소망 때
> 문입니다. (사도 28:20)[39]

이어서 그는 하느님 나라를 두고 이야기하며 모세의 율법과 예언서를 근거로 예수를 믿도록 그들을 설득하려 애씁니다. 어떤 이들은 설득되지만 어떤 이들은 끝내 믿기를 거부하지요. 이에 바울은 널리 쓰이던 이사야서의 구절을 인용합니다.

> 너희가 듣기는 들어도 깨닫지 못하고, 보기는 보아도 알지

로 묘사합니다. 로마로 항해하던 중 몰타에서 난파당했으나 선원 전체가 살아남았고 바울 자신은 섬에서 영웅 대접을 받지요. 로마 외곽에서 그는 그리스도인 공동체의 영접과 환대를 받았습니다.

38 사도 19:21, 23:11.

39 사도 26:6~7 참조. 여기서 이 희망은 부활에 대한 희망과 연결됩니다(8절). 사도 23:6에서 바울은 죽은 이들의 부활에 대한 희망 때문에 재판을 받고 있다고 언급됩니다(사도 24:15,21 참조). 물론 루가는 이러한 미래의 희망이 예수의 부활에 기초한다고 이해합니다(사도 17:31, 26:23).

못한다. (사도 28:26, 이사 6:9~10 참조)[40]

그리고 이제 하느님의 구원이 이방인들을 향해 열렸음을 단호하게 선포합니다.

이 장면에서 루가는 바울이 하느님 나라를 선포하고 있음을 다시 한번 일깨워 줍니다. 하느님 나라는 예수께서 이 땅에 파견되시어 친히 선포하셨던 바로 그 나라입니다(루가 4:43). 또한 복음서 끝과 사도행전 시작에서 제자들이 이스라엘의 회복을 통해 뚜렷이 드러나기를 고대하며 기다리던 나라이기도 합니다.[41] 루가는 부활하신 예수께서 루가 복음서 24장에서 제자들에게 하셨던 것과 똑같이 바울이 모세의 율법과 예언서를 인용하여 예수에 관해 설명하는 모습을 그립니다. 그렇게 바울이 예수의 가르침과 사도행전 첫 장면에서 제자들이 맡은 사명, 곧 복음을 선포하라는 사명 두 가지를 모두 잇고 있음을 보여 주지요.

여기서 간과해서는 안 될 중요한 사실은 복음이 다름 아

---

40 예수께서 엠마오로 가는 길에서 만난 제자들에 대해 하신 말씀을 비교해 보십시오. 그들의 눈은 아직 열리지 않았으며(루가 24:16,31), 믿는 데 마음이 무뎠습니다(루가 24:25).

41 루가 24:21, 사도 1:6, 루가 1:32~33 참조.

닌 이스라엘의 희망과 관련이 있다는 것입니다. 이 희망은 대체 무엇일까요? 사도행전이 전개되는 동안 바울은 자신이 동족 유대인들(정확히 말하면 사두가이는 이 희망을 공유하지 않았으므로 일부 유대인들)과 공유하는 희망, 곧 부활에 대한 희망을 여러 차례 언급했습니다.[42] 그가 지금 재판을 받는 결정적인 이유 또한 바로 이 희망 때문입니다.[43] 물론 그가 단순히 부활을 믿는다는 이유만으로 재판을 받는 것은 아닙니다(비록 23장 6~10절은 그런 것처럼 비치기도 하지만 말이지요). 그보다 바울은 그 부활의 희망이 그리스도라는 인물을 통해 이미 성취되었다고 주장했기 때문에 재판을 받습니다. 사도행전 28장 20절에 등장하는 이스라엘의 희망은 이 부활의 희망을 가리키는 듯합니다. 하지만 다른 대목에서처럼 여기서도 바울이 이 희망을 꺼내든 주된 이유는 동족 유대인들과 접점을 찾고, 복음이 유대 전통을 부정하는 것이 아니라 오히려 그 전통이 오랫동안 고대해 온 희망의 성취임을 굳건히 세우려 했기 때문일 것입니다. 이 논의의 다음 단계는 부활의 희망이 그리스도의 부활을 통해 입증되었음을 일깨우는 일일 것입니다.

42　사도 23:6, 24:15, 26:6~7. 베드로의 연설에 나오는 다윗의 희망(사도 2:26~27)에 대한 언급도 참조하십시오.

43　사도 23:6, 26:6~7.

이방인들에게 계시를 가져다주는 그 빛은 이스라엘에게 주어진 약속이 마침내 성취되었다는 뚜렷한 표지입니다. 그러므로 루가 복음서 2장 32절이 우리에게 일러 주었듯 이방인을 비추는 그 빛은 필연적으로 이스라엘의 영광이 될 수밖에 없었습니다. 이사야서 6장의 성취가 보여 주는 유대인들의 완고한 거부와 그로 인한 뼈아픈 실패처럼 보이는 대목조차 이스라엘의 희망을 가리키는 이 빛 아래에서 바라보아야 합니다.

로마에서 벌어진 바울과 유대인들의 만남에는 한 가지 흥미로운 특징이 있습니다. 바로 이러한 장면이 사도행전에서 세 번째 반복되고 있다는 사실입니다.[44] 루가는 바울이 유대인들에게 복음을 전하다 배척당하고 이방인들에게로 발길을 돌리는 과정을 세 차례에 걸쳐 보여 줍니다.[45] 우리는 흔히 바울을 이방인의 사도로 기억하지만(바울 자신도 서신에서 그런 식으로 묘사하지만), 루가의 관점은 조금 다릅니다. 그는 바울을 유대인과 이방인 모두에게 복음을 전하도록 부름받

---

[44] 유대인들의 예수 거부는 루가 복음서와 사도행전의 시작과 끝을 하나로 묶는 주제입니다. 이는 루가 4:21~30에서 상징화되고, 수난 이야기에서 실행되며, 사도 2:22~36에서 회상되고, 사도 28:23~28에서 반복됩니다.

[45] 사도 13:44~49, 18:5 이하, 28:23~29, 19:8~10도 참조하십시오.

은 인물로 여깁니다.[46] 그래서 바울은 사도행전의 마지막 순간까지 이 이중의 소명을 충실히 수행하지요. 유대인들이 하느님께 버림받았다는 생각은 사도행전의 정신과 거리가 멉니다. 바울이 절망 섞인 몸짓으로 이제는 다른 길을 찾겠노라 선언할 때가 여러 번 있지만, 독자는 어느새 그가 다시 유대인들 앞에 서서 진리를 설득하려 애쓰는 모습을 목격하게 됩니다.[47] 그리고 실제로 그의 노력이 완전히 물거품이 된 것도 아니었습니다. 루가는 24절에서 어떤 이들은 믿었으나 어떤 이들은 믿지 않았다며 엇갈린 반응을 기록합니다.[48] 이러한 복합적인 상황을 더욱 부각하려는 듯 훗날 덧붙여진 29절은 유대인들 사이에 격렬한 논쟁이 끊이지 않았다고 기술하기도 하지요.[49]

사도행전의 결말은 실패한 기획일까요, 아니면 찬란한 승

---

46 사도 9:15, 20:21. 루가는 바울이 도시의 회당에서 선교를 시작하는 모습을 규칙적으로 묘사합니다. 이는 심지어 13장과 18장에 나오는 사건들 이후에도 그러하지요.

47 다음을 참조하십시오. J. Jervell, *The Unknown Paul: Essays on Luke-Acts and Early Christian History* (Minneapolis: Augsburg, 1984), 16. "루가에게 그리스도교는 이스라엘의 종교다."

48 평행 구절들인 13:43과 18:8에 나오는 유사한 논평을 비교해 보십시오.

49 이 구절은 많은 후대 사본에서 발견되며 첨가된 것으로 보입니다.

리의 기록일까요? 단언컨대 이 결말은 결코 김빠진 마무리가 아닙니다. 우리가 마주하는 이 결말은 장차 도래할 온전한 승리를 다시 한번 굳게 다지는 선언입니다. 복음의 행진은 멈추지 않았으며 마침내 제국의 심장부인 로마에까지 다다랐습니다. 일부 유대인은 복음을 기쁘게 받아들였습니다. 또 다른 이들은 완강히 거부했지만, 이는 역설적으로 복음이 이방인들도 향한다는 바울의 신념을 굳건하게 만들 뿐입니다.[50] 그가 유대인들을 향해 던진 마지막 말은 바로 이를 명징하게 선포합니다.

> 여러분은 하느님의 이 구원의 소식이 이방 사람에게 전파되었음을 알아야 합니다. 그들은 그것을 듣고 받아들일 것입니다. (사도 28:28)

이 확언은 루가가 자신의 복음서 서문에서 밝혔던 주제들을 다시 불러들입니다. 루가는 테오필로에게 복음서를 쓴 이유가 그가 이미 전해 들은 "일들이 확실한 사실임을"(루가 1:4)

---

50 유대인들의 거부는 이방인들이 복음을 들을 기회를 제공한다는 점에서 긍정적으로 볼 수 있습니다. B. J. Koet, *Five Studies on Interpretation of Scripture in Luke-Acts* (Leuven: University Press/Peeters, 1989), 119-139.

확인시켜 주려 한 데 있다고 밝힌 바 있습니다. 그 복음서는 하느님의 구원을 깊이 다루고 있으며 그 구원은 이방인들에게 계시의 빛을 가져다줄 터였습니다.

> 내 눈이 주님의 구원을 보았습니다. 주님께서 이것을 모든 백성 앞에 마련하셨으니, 이는 이방 사람들에게는 계시하시는 빛이요, 주님의 백성 이스라엘에게는 영광입니다. (루가 2:30~32)

루가의 첫 번째 책 서두에서 약속되었던 일이 이제 막 현실로 이루어지고 있습니다. 이 지점에서 독자인 우리는 이야기의 출발점을 되새기는 동시에 미래를 향해 시선을 돌리게 됩니다. 루가는 바울이 로마에서 2년을 지내는 동안 아무런 방해도 받지 않고 담대하게 복음을 전했다는 소식을 마지막으로 들려줍니다. 그가 이 지점에서 이야기를 끝맺은 진짜 이유는 바로 그 지점을 서사의 절정으로 여겼기 때문입니다. 그가 전하고자 했던 이야기의 정점은 바울이라는 한 개인의 장렬한 죽음이 아니었습니다. 루가에게 중요한 것은 사도의 운명이 아니라 복음의 운명이었습니다.[51] 그는 바울의 처형이라는 비극적인 마침표 대신 복음이 어떠한 장애물도 없이 온 세상으로 뻗어 나가는 장면으로 자신의 이야기를 매듭짓고자 했습니다.[52]

사도행전의 마침표도 앞서 보았던 복음서들의 결말과 마찬가지로 중단된 형태를 띠고 있습니다. 루가는 바울의 운명에 대해 말해주지 않습니다. 사도행전 1장이 예고했던 원대한 계획의 성취 여부 역시 불확실한 상태로 남아 있습니다. 복음은 아직 모든 민족에게 전해지지 않았고, 이스라엘의 희망은 온전히 실현되지 않았으며, 예수께서는 아직 떠나셨던 모습 그대로 이 땅에 돌아오지 않으셨습니다.[53] 루가에게 구원의 이야기는 현재진행형입니다. 이 서사는 구약성서에 뿌리를 내렸기에 하느님의 백성인 이스라엘의 구원이라는 주

---

51 사도행전의 결말에 관해서는 다음을 보십시오. R. Tannehill, *The Narrative Unity of Luke-Acts*, vol. 2, 330-343. Wm. F. Brosend II, *History, Literature and Society in the Book of Acts*, 348-362.

52 P. Schubert, 'The Final Cycle of Speeches in the Book of Acts', 10. 여기서는 사도행전이 "낙관적인 어조"로 끝난다고 기술합니다.

53 일부 주석가들은 루가가 로마에서의 복음 선포를 통해 복음이 땅끝까지 전해졌다 생각했다고 가정합니다. 그러나 이사 49:6을 고려해 보면 복음이 모든 민족에게 전해져야 함을 의미하며 이는 아직 일어나지 않았습니다.

제를 결코 놓칠 수 없습니다. 그러므로 그는 이 거대한 서사를 중단된 결말이 아닌 다른 방식으로는 매듭지을 수 없었을 것입니다. 이제 루가는 독자들이 스스로 책의 다음 쪽을 써 내려가도록 공간을 남겨 둡니다. 이는 이집트에서 임종을 맞이한 요셉이 하느님의 약속을 상기시키며 이스라엘을 안심시키던 창세기의 장면이나, 신명기가 비스가산 위에서 약속의 땅을 목전에 둔 모세를 비추며 마무리되는 것과 궤를 같이합니다. 사도행전 역시 복음이 마침내 땅끝까지 울려 퍼지리라는 바울의 군건한 확신과 함께 막을 내립니다.[54]

일부 주석가들이 이런 식의 결말을 달가워하지 않는 것은 아마도 모든 갈등과 복선이 명쾌하게 해소되는 근대 낭만주의 소설의 서사 방식에 너무 물들어 있기 때문일지 모릅니다.[55] 이와 달리 사도행전에 관해 글을 쓴 크리소스토무스Chrysostom는 저자가 의도한 바를 깊이 헤아렸으며 고대 세계에서는 이러한 결말이 그리 낯설지 않았을 것이라고 넌지시

---

54 백성들이 요르단강 건너편에 진을 치고 있는 상태로 끝나는 민수기도 비교해 보십시오.

55 H. J. Cadbury, *The Making of Luke-Acts*, 323 참조. "우리는 다시 한번 저자의 과업보다는 우리 자신의 취향에 따라 논쟁하고 있는지도 모른다."

일러 줍니다.[56]

> 이 대목에서 역사가는 기록을 멈추고 독자를 목마른 채로
> 남겨 두어 그 뒤로는 독자 스스로 짐작하게 만듭니다. 이는
> 비그리스도교인 저자들도 즐겨 썼던 방식입니다. 모든 것
> 을 속속들이 알아버리면 사람은 게으르고 무뎌지기 때문입
> 니다.[57]

앞서 이야기했지만 학자들은 루가를 역사가로 봐야 하는지,
역사가로 본다면 그가 얼마나 좋은 역사가였는지를 두고 논
쟁을 벌입니다. 이 학술 논쟁의 결과가 무엇이든 한 가지 분
명한 사실이 있습니다. 루가는 역사가보다 훨씬 더 중요한
인물이었고, 탁월한 설교자였습니다. 크리소스토무스의 표
현처럼 독자인 우리를 목마른 채로 남겨 둔 까닭은 단순히
그다음 일어날 일을 짐작만 하기를 바랐기 때문만이 아닙니

---

56 Daniel Marguerat, 'The End of Acts (28.16-31) and the Rhetoric of
    Silence', *Rhetoric and the New Testament: Essays from the 1992 Heidelberg
    Conference*, JSNT Supplement series 90 (Sheffield: JSOT Press, 1993), 74-89.
    그는 헤로도토스Herodotus뿐만 아니라 호메로스와 베르길리우스를 비
    교합니다.

57 *Homilies on Acts* (1) 55 (Migne, Patrologia Graeca, LX, coll. (15) 382).

다. 그는 우리 스스로 그 이야기를 이어 가기를 간절히 바랐습니다. 루가는 우리에게 구원사의 계주봉을 넘기며 사실상 이렇게 선언하고 있습니다. "이제부터는 여러분의 차례입니다." 성령은 이미 우리 가운데 풍성히 부어졌고 온 세상 모든 민족이 그 부름에 응답하고 있습니다. 하지만 하느님 나라가 온전히 회복될 그날은 아직 도래하지 않았습니다. 그러니 그날이 오기까지 우리는 예루살렘과 유다와 사마리아, 그리고 저 멀리 땅끝에 이르기까지 그리스도의 신실한 증인이 되어야 합니다. 루가에게 구원 역사는 결코 마침표로 닫히는 기록이 아닙니다.

·끝이란 없다. 다만 무언가 덧붙여질 뿐.

V

요한 복음서의 결말
– 끝과 시작들

나의 시작에 나의 끝이 있다. ...

나의 끝에 나의 시작이 있다.

- T. S. 엘리엇, 『네 개의 사중주』, 「이스트 코커」 1연, 5연)[1]

요한 복음서는 마태오 복음서와 마찬가지로 그리스도 공
동체가 유대 회당과 날카롭게 갈등하던 상황을 반영합니다.
마태오와 마찬가지로 요한 복음서의 저자 역시 과거 하느님

---

1 이 구절들은 「이스트 코커」의 첫 구절과 마지막 구절입니다. 이는 스
코틀랜드의 여왕 메리Mary, Queen of Scots의 모토("나의 끝에 나의 시작이 있
다"En ma fin est mon commencement)에 바탕을 두고 있습니다.

께서 모세를 통해 당신 백성에게 주신 계시, 즉 토라를 진정으로 구현해 낸 이가 바로 예수라고 주장합니다. 그리고 이를 뒷받침하는 차원에서 요한은 2장부터 12장까지 이어지는 일련의 '표징'sign과 '담화'discourse를 제시함으로써 성전이나 회당에서 드리는 예배보다 예수 안에서, 예수를 통해 하느님을 훨씬 더 온전히 알 수 있음을 입증하려 애쓰지요.

분명 요한 복음서는 공관복음과 다릅니다. 공관복음과는 사뭇 다른 자료들을 품고 있으며 문체도 독특하기 그지없지요. 그럼에도 공관복음과 닮은 면이 있습니다. 이 복음서 역시 공관복음처럼 엄연한 복음서입니다. 예수의 공생애를 들려주고 그분의 죽음과 부활로 이야기를 끝맺기 때문입니다. 다른 복음서들처럼 이 책 역시 이야기의 참된 의미를 꿰뚫어 볼 열쇠를 쥐어 주는 서론, 곧 머리말이 있습니다(요한 1:1~18). 또한 다른 복음서들처럼 빈 무덤 이야기로 끝을 맺으며 (마르코 복음서와는 달리) 부활하신 예수께서 현현한 기사들도 담고 있습니다. 사실 요한이 반드시 이러한 방식으로 결론을 맺어야만 했던 것은 아닙니다. 그가 마르코처럼 빈 무덤 이야기에서 멈추었거나 심지어 예수의 죽음 장면에서 붓을 놓았다 하더라도 그리 놀라운 일은 아니었을 것입니다. 요한은 이미 예수의 십자가 처형을 그분이 높임 받은 사건이자 영광을 받은 사건이라고 말했기 때문이지요.[2,3] 이 복음서에서 예수께서는 "다 이루었다"(요한 19:30)라는 승리의 선언을 남기고 숨을 거두십니다. 이토록 장엄한 죽음 뒤에, 독자들에게 부활 현현 이야기가 과연 필요할까요? 복음서 저자도 부활 뒤에 일어난 일을 쓰면서 믿음이란 부활하신 주님을 직접 '보는 것'에 기대어서는 안 된다는 점을 분명히 하는 마당에 말이지요. 이런 점에서 요한이 다른 어떤 복음서 저자보다도 풍부한 부활 현현 기록을 담아냈다는 사실은 놀랍습니다. 요한 복음서 마지막 장들은 예수의 다가올 부활과 그 참된 의미를 미리 일러 주었던 여러 구절을 다시금 떠올리게 해주며, 부활을 예고하셨던 그 모든 말씀이 참된 진실이었음을 입증하는 사건들을 세밀히 묘사합니다. 제자들이 당신을 다시 보게 되리라던 예수의 약속, 잠시 떠나더라도 반드시 돌아오시겠다던 그 약속이 마침내 이루어졌습니다.[4] 이제야 비로소 제자들은 성전을 다시 세우시겠다던 예수의 아리송했던 말씀이 무엇을 뜻하는지 온전히 깨닫게 됩니다.

---

2   요한 3:14, 8:28, 12:32,34. 여기서는 '높이 들리다'를 뜻하는 그리스어 동사 '휩소오'ὑψόω가 쓰였습니다.

3   요한 7:39, 12:16,23, 13:31~32, 17:1,4~5. 여기서는 '영광스럽게 하다'를 뜻하는 그리스어 동사 '독사조'δοξάζω가 쓰였습니다.

4   요한 14:18~19, 16:16.

예수께서 그들에게 말씀하셨다. "이 성전을 허물어라. 그러면 내가 사흘 만에 다시 세우겠다." 그러자 유대 사람들이 말하였다. "이 성전을 짓는 데에 마흔여섯 해나 걸렸는데, 이것을 사흘 만에 새우겠다고요?" 그러나 예수께서 성전이라고 하신 것은 자기 몸을 두고 하신 말씀이었다. 제자들은, 예수께서 죽은 사람들 가운데서 살아나신 뒤에야, 그가 말씀하신 것을 기억하고서, 성경 말씀과 예수께서 하신 말씀을 믿게 되었다. (요한 2:19~22)

이 복음서의 결말은 친숙하면서도 어딘가 기이합니다. 요한 복음서 20장은 빈 무덤 일화를 독특한 판본으로 전해 줍니다.

주간의 첫날 이른 새벽에 막달라 사람 마리아가 무덤에 가서 보니, 무덤 어귀를 막은 돌이 이미 옮겨져 있었다. 그래서 그 여자는 시몬 베드로와 예수께서 사랑하시던 그 다른 제자에게 달려가서 말하였다. "누가 주님을 무덤에서 가져갔습니다. 어디에 두었는지 모르겠습니다." 베드로와 그 다른 제자가 나와서, 무덤으로 갔다. 둘이 함께 뛰었는데, 그 다른 제자가 베드로보다 빨리 달려서, 먼저 무덤에 이르렀다. 그런데 그는 몸을 굽혀서 삼베가 놓여 있는 것을 보았으나, 안으로 들어가지는 않았다. 시몬 베드로도 그를 뒤따라 왔다. 그가 무덤 안으로 들어가 보니, 삼베가 놓여 있었고, 예수의 머리를 싸맸던 수건은, 그 삼베와 함께 놓여 있지 않고, 한 곳에 따로 개켜 있었다. 그제서야 먼저 무덤에 다다른 그 다른 제자도 들어가서, 보고 믿었다. (요한 20:1~8)

먼저 막달라 마리아가 홀로 무덤을 찾았다가 무덤 어귀를 막았던 돌이 옮겨진 것을 목격합니다. 그녀는 무덤 안이 비어 있음을 확인한 뒤 곧장 베드로와 예수께서 사랑하신 제자에게 달려가 주님의 시신이 사라졌음을 알립니다. 소식을 들은 베드로와 그 제자는 직접 확인하고자 무덤으로 달려갑니다. 무덤에 이르자 베드로는 무덤 안으로 뛰어 들어가 놓여 있는 수의와 수건들을 살피지만, 뒤따라 들어간 다른 제자는 무덤으로 들어가자마자 "보고 믿었"습니다. 이 이야기에서 제4 복음서의 저자는 마르코 복음서의 갑작스러운 결말이 암시했던 진리를 또렷하게 밝힙니다. 바로 믿음에 있어 부활한 예수를 보는 일이 필수적인 조건은 아니라는 것이지요. 참된 믿음은 부활하신 주님을 직접 뵙는 일에 기대어서는 안 됩니다. 사랑받는 제자는 빈 무덤이라는 정황을 보았을 뿐 예수나 천사를 제 눈으로 보거나 음성을 듣지 않았습니다. 그럴 필요를 느끼지 않고도 그는 믿었습니다. 그렇게 사랑받는 제자는 장차 예수를 실제로 뵙지 않고도 부활하신 주님을 믿게 될 모든 제자의 본이 됩니다. 이들은 요한 복음서 20장 29절에서 주님이 말씀하셨듯 그리스도를 눈으로 보지 않고도 굳게 그분을 믿게 되었기에 참으로 복됩니다.[5]

이 이야기 뒤에는 부활하신 예수께서 예루살렘을 배경으로 세 번 모습을 드러내신 사건이 이어집니다. 첫 번째 현현 사건은 마리아에게 일어났습니다. 요한 복음서 저자도 여성의 증언을 신뢰하지 않던 당시의 사회 통념에 비추어 보면 파격적이라 할 수 있는 '여성의 우선성'을 대담히 유지합니다. 다만 여기서 한 가지 짚고 넘어갈 지점이 있습니다. 요한 복음서에서 마리아가 부활하신 주님을 가장 먼저 뵙기는 했어도, 가장 먼저 믿음에 도달하지는 않았습니다. 무덤을 다시 찾은 마리아는 그곳에서 두 천사를 보고, 천사들은 그녀에게 왜 우느냐고 묻습니다. 마리아는 예수의 시신을 찾고 있다고 대답합니다. 이윽고 무덤에서 돌아선 그녀는 예수께

---

5 요한 복음서의 독자들은 아마도 보지 않고 믿는 이들에 포함될 것입니다. 역설적이게도 보고 믿은 사랑받는 제자가 보지 않고도 믿는 이들의 전형이 된 셈이지요. 도마와 달리 사랑받는 제자는 부활하신 그리스도를 보지 않고도 믿을 준비가 되어 있었기 때문입니다.

서 친히 서 계신 모습을 보지만, 그분이 천사들과 똑같은 질문을 던지실 때조차 그분을 알아보지 못합니다. 그래서 마리아는 똑같은 대답을 하고, 예수께서 마리아의 이름을 부르시자 비로소 그분을 알아봅니다. 사랑받는 제자의 이야기처럼 마리아 이야기 역시 예수를 눈으로 직접 뵙는 일 그 자체가 중요하지 않음을 넌지시 일러 줍니다. 분명 그녀가 진리를 확신하게 한 것은 눈으로 보는 행위가 아니었습니다. 심지어 그분의 음성을 듣는 것도 부활을 확신하기에는 충분하지 않았습니다. 그분을 만지는 일 역시 중요하지 않습니다. 마리아는 예수께 매달리지 말라는 지시를 받았기 때문입니다. 마리아가 예수를 알아보는 결정적인 순간은 예수께서 그녀의 이름을 다정하게 부르실 때 찾아옵니다. 이는 예수께서 당신을 양들의 이름을 부르는 선한 목자로 묘사하셨던 대목을 떠올리게 합니다.

내가 진정으로 진정으로 너희에게 말한다. 양 우리에 들어갈 때에, 문으로 들어가지 아니하고 다른 데로 넘어 들어가는 사람은 도둑이요 강도이다. 그러나 문으로 들어가는 사람은 양들의 목자이다. 문지기는 목자에게 문을 열어 주고, 양들은 그의 목소리를 알아듣는다. 그리고 목자는 자기 양들의 이름을 하나하나 불러서 이끌고 나간다. 자기 양들을 다 불러낸 다음에, 그는 앞서서 가고, 양들은 그를 따라간 다. 양들이 목자의 목소리를 알고 있기 때문이다. 양들은 결 코 낯선 사람을 따라가지 않을 것이고, 그에게서 달아날 것 이다. 그것은 양들이 낯선 사람의 목소리를 알지 못하기 때 문이다. (요한 10:1~5)

선한 목자는 양들을 위해 자기 목숨을 내놓고 또다시 목숨을 얻습니다.

나는 선한 목자이다. 선한 목자는 양들을 위하여 자기 목숨 을 버린다. (요한 10:11)

아버지께서 나를 사랑하신다. 그것은 내가 목숨을 다시 얻 으려고 내 목숨을 기꺼이 버리기 때문이다. 아무도 내게서 내 목숨을 빼앗아 가지 못한다. 나는 스스로 원해서 내 목숨 을 버린다. 나는 목숨을 버릴 권세도 있고, 다시 얻을 권세 도 있다. 이것은 내가 아버지께로부터 받은 명령이다. (요한 10:17~18)

선한 목자는 자기 양들을 알고, 양들도 그를 알기에(요한 10:14) 그의 목소리를 들으면 그를 따릅니다(요한 10:27). 마리아는 자신의 이름을 부르는 그 고유한 음성을 듣고서야 비로소 예수를 알아봅니다.

여기서 마리아가 예수를 향해 올리는 고백은 복음서의 앞선 장면들에서 다른 여성들이 보여 준 신앙 고백들과 궤를 같이합니다. 요한 복음서 4장에서 사마리아 여인은 그분이 메시아일지 모른다는 생각을 꺼내 들었고(요한 4:29), 비록 주저했을망정 그녀가 전한 증언을 통해 수많은 동족이 그분을 세상의 구원자로 고백하게 되었습니다.

> 그 동네에서 많은 사마리아 사람이 예수를 믿게 되었다. 그것은 그 여자가, 자기가 한 일을 예수께서 다 알아맞히셨다고 증언하였기 때문이다. 사마리아 사람들이 예수께 와서, 자기들과 함께 머무시기를 청하므로, 예수께서는 이틀 동안 거기에 머무르셨다. 그래서 더 많은 사람들이 예수의 말씀을 듣고서, 믿게 되었다. 그들은 그 여자에게 말하였다. "우리가 믿는 것은, 이제 당신의 말 때문만은 아니오. 우리가 그 말씀을 직접 들어보고, 이분이 참으로 세상의 구주이심을 알았기 때문이오." (요한 4:39~42)

이 대목에서 요한은 예수께서 여인과 대화를 나누셨다는 사실이 얼마나 파격적인 일인지 콕 집어 언급합니다.

> 이 때에 제자들이 돌아와서, 예수께서 그 여자와 말씀을 나누시는 것을 보고 놀랐다. 그러나 예수께 "웬일이십니까?" 하거나, "어찌하여 이 여자와 말씀을 나누고 계십니까?" 하고 묻는 사람이 한 사람도 없었다. (요한 4:27)

이어 예수께서는 또 다른 여성인 마르다와 대화를 나누며 그녀가 당신에 대해 고백하도록 이끄십니다.

> 마르다가 예수께 말하였다. "예, 주님! 주님은 세상에 오실 그리스도이시며, 하느님의 아들이심을, 내가 믿습니다." (요한 11:27)

물론 세례자 요한(요한 1:29,34)이나 나다나엘(요한 1:49), 베드로(요한 6:69) 같은 남성들의 입에서도 이와 유사한 신앙 고백이 울려 퍼집니다. 20장 28절에 이르면 도마에게서 또 다른 신앙 고백이 터져 나오기도 하지요. 그러나 여기서 주목할 점은 중대한 신앙 고백들 가운데 여성들이 한 고백이 분명한 자리를 차지하고 있다는 것입니다. 이제 마리아는 예수를 라부니, 곧 아람어로 나의 선생님이라고 부릅니다. 사마리아 여인이나 마르다가 입에 올렸던 고백과 견주어 보면 소박하고 덜 중요해 보일지 모릅니다. 하지만 그녀가 수행하는 역할은 결코 작지 않습니다. 마르다가 예수께서 나는 부활이요 생명이라 선포하셨을 때 그분에 대한 믿음을 고백했다면(요한 11:25), 막달라 마리아는 부활하신 예수를 만나 그분을 부활하신 분으로 고백합니다. "라부니"라는 호칭은 예수께서 참으로 살아 계신다는 벅찬 깨달음을 담아내고 있으며, 그녀가 동산에서 만난 이 낯선 이가 앞선 장들에서 자신이 따르고 배워 온 그 랍비와 동일한 분임을 확인시켜 줍니다. 동산 지기인 줄로만 알았던 그 사람은 다름 아닌 예수, 곧 우리의 주님이십니다.

> 막달라 사람 마리아는 제자들에게 가서, 자기가 주님을 보았다는 것과 주님께서 자기에게 이런 말씀을 하셨다는 것을 전하였다. (요한 20:18)

제4 복음서 저자는 마리아가 마태오 복음서 28장 9절에 나오는 여인들처럼 예수의 발을 붙들려 했다고 생각했던 것일까요? 이 복음서는 예수께서는 마리아에게 당신을 붙잡지 말라 지시하셨다고 전합니다(요한 20:17). 이 말씀은 많은 주석가를 깊은 고민에 빠뜨렸습니다.[6] 훗날 도마에게는 당신을 직접 만져 보라고 권하신 장면(요한 20:27)과 정면으로 부딪치는 듯하고 "내가 아직 아버지께로 올라가지 않았다"는 설명도 당혹스럽기 때문입니다. 승천하시기 전에 만질 수 없는데, 승천하신 뒤에는 어떻게 만질 수 있다는 이야기일까요? 하지만 이 당혹스러운 설명은 말씀이 품은 참된 의미를 풀어낼 열쇠가 됩니다. 사랑하는 스승을 알아보고 친근한 호칭으로 부른 마리아는 예수께서 라자로처럼(요한 11:44) 생명을 되찾으셨기에 앞으로 예전과 같은 삶을 이어가리라 상상했을 것입니다. 하지만 상황은 결코 이전과 같을 수 없습니다. 예수와 맺는 새롭고도 영속적인 관계는 그분이 아버지께로 돌아가시는 일에 달려 있습니다. 마리아에게 말씀을 건네실 때 예수께서는 아직 아버지께로 올라가지 않으신 상태였습니다(요한 20:17). 마리아는 주님께서 "나의 아버지 곧 너희의 아버지, 나의 하느님 곧 너희의 하느님"(요한 20:17), 곧 당신이

---

6   지금까지 제시된 기이한 설명들과 본문을 수정하여 문제를 회피하려는 다양한 시도들에 관한 설명은 다음을 보십시오. Raymond E. Brown, *The Gospel According to John*, vol. 2: XIII-XXI, Anchor Bible (New York: Doubleday, 1970), 992-993. 『앵커바이블 요한복음 2』(CLC).

여전히 순종하시는 분에게로 돌아가시기 전 짧은 이행기에 그분을 뵙는 특권을 누린 셈입니다. 예수의 이 말씀은 복음서 앞부분에서 인자가 하늘로 올라간다고 일러 주었던 대목들을 상기시킵니다.[7] 더 나아가 요한 복음서 14장부터 17장까지 이어지는 고별 담화에서 끊임없이 강조한 주제, 곧 예수께서 당신을 보내신 아버지께로 돌아가신다는 주제를 다시금 선명하게 환기하지요.[8]

마태오 복음서에서와 마찬가지로 예수께서는 제자들에게 건넬 전언을 마리아에게 맡기십니다. 그러나 이 소식은 갈릴리에서의 재회를 예고하는 대신 곧 이루어질 승천을 선포하는 성격을 띱니다. 요한 복음서의 전언에는 제자들이 실제로 예수를 보게 되리라는 직접적인 약속이 담겨 있지 않습니다. 예수께서 제자들을 떠나 아버지께로 돌아가신다는 사실만 강조될 뿐이지요. 복음서 저자는 마리아가 이 소식을 제자들에게 무사히 전했다고 기록합니다. 비록 전언에 미래의 현현에 대한 약속은 빠져 있지만, 제자들은 예수께서 자신들에게 다시 오겠다고 하신 말씀(요한 14:3,18,28)과 당신을 다시 보게 되리라는 약속(요한 16:16~22)을 떠올렸을 것입니다. 그리고

---

7   요한 3:13, 6:62.

8   요한 14:12,28, 16:5,10,17,28, 17:13.

그날 저녁 예수께서는 열 명의 제자에게 나타나십니다. 이번
에는 눈으로 보는 일이 중요하게 다루어집니다. 예수께서 그
들에게 당신의 두 손과 옆구리를 직접 보여 주시기 때문이지
요. 하지만 이야기의 무게 중심은 결코 거기에 있지 않습니
다. 이 만남의 자리는 마태오 복음서의 마지막 장면처럼 근
본적으로 예수께서 제자들에게 사명을 맡기시는 자리입니
다. 그분은 "아버지께서 나를 보내신 것처럼 나도 너희를 보
낸다"라는 말씀과 함께 당신의 사명을 제자들에게 맡기십니
다. 이어서 그들에게 숨을 불어넣으며 성령을 받으라고 말씀
하십니다. 이로써 복음서 도입부에서 예수를 성령으로 세례
를 주시는 분이라고 선포했던 세례자 요한의 증언(요한 1:33)
이 마침내 성취됩니다. 제자들에게 "다른 도와주시는 분(보
혜사)"[9]을 보내주시겠다던 예수의 약속 또한 결실을 봅니다.
나아가 그분은 제자들에게 죄를 용서하거나 그대로 둘 권한
을 주십니다. 이는 세례자 요한이 예수를 가리켜 "세상의 죄
를 없애시는 하느님의 어린양"(요한 1:29)이라 증언했던 사실
을 환기합니다. 이제 참된 유월절 어린양[10]으로 죽음을 맞이

---

9 요한 14:16~17,26, 15:26, 16:7~15.

10 요한은 예수의 죽음을 유월절 양들이 도살되던 시간과 일치시킵니
    다. 요한 18:28을 보십시오.

하신 예수께서는 죄를 용서하고 붙들어 두는 권한을 당신의 제자들에게 맡기십니다. 이처럼 요한 복음서 도입부를 장식했던 세례자 요한의 두 가지 증언은 복음서 말미에 다시 울려 퍼지면서 이야기 전체를 하나로 묶어주는 수미상관을 완성합니다.

하지만 이야기는 여기서 멈추지 않습니다. 예루살렘을 배경으로 한 세 가지 이야기 중 마지막 이야기에서 예수께서는 마침내 열한 제자에게 당신의 모습을 드러내십니다. 이번 현현은 겉으로 보기에는 도마의 불신에 대한 응답처럼 보입니다. 도마는 다른 제자들이 받은 증거보다 훨씬 더 많은 증거를 요구하며 예수를 직접 보고 만지지 않고서는 결코 믿지 않겠다고 고집을 부렸기 때문이지요. 이는 통상적인 기대를 뛰어넘는 전개입니다. 마르코 복음서는 우리가 믿고 순종하지 않는 한 부활하신 주님을 뵐 수 없을 것이라고 단언했습니다. 하지만 이와 달리 요한 복음서에서는 예수께서 믿지 않겠다고 선언한 제자에게 나타나 친히 그를 설득하십니다. 물론 이 놀라운 배려 이면에서 요한은 마르코와 똑같은 진리를 지적합니다. 막상 그 상황이 닥치자 도마는 예수를 실제로 만지지 않고서도 믿음에 이르며, 예수께서는 "너는 나를 보았기 때문에 믿느냐? 나를 보지 않고도 믿는 사람은 복이 있다"(요한 20:29)라고 말씀하십니다. 요한도 마르코와 마찬가지로 부활 현현 체험이 믿음의 필수적인 조건은 아니라는 점을 독자들에게 일깨우고 있는 것이지요. 이 마지막 장면의 정점은 도마가 예수에게 고백하는 대목입니다.

나의 주님, 나의 하느님! (요한 20:28)

예수를 "하느님"으로 알아보는 고백과 함께 우리는 이야기의 시발점을 넘어 이 복음서의 첫 번째 선언, 곧 "말씀은 하느님이셨다"(요한 1:1)라는 웅장한 선언으로 되돌아갑니다. 여기서 요한은 하나의 수미상관이 다른 수미상관에 들어가는 서술 방식을 선보입니다. 마치 러시아 전통 인형인 마트료시카처럼 말이지요. 이 정교한 구조 덕분에 독자는 도마의 고백을 자신의 고백으로 받아들이며 이렇게 외치게 됩니다. "그렇습니다. 이 모든 이야기가 무엇을 가리키고 있었는지 이제야 똑똑히 알겠습니다." 가장 커다란 의심을 품었던 도마는 복음서 전체를 통틀어 가장 심오한 선언을 입에 올리는 영예를 받았습니다. 도마의 신앙 고백은 보지 않고도 믿는 이들이 복되다고 선언하시는 예수의 응답과 한데 어우러져 이 복음서가 지향하는 신학의 정점을 이룹니다.

복음서 저자는 마치 자신이 들려준 이야기가 아직 끝나지 않았음을 일깨우려는 듯, 예수께서 이 책에 기록되지 않은 다른 표징들도 수없이 많이 일으키셨다는 말을 덧붙이며 논의를 갈무리합니다.

> 예수께서는 제자들 앞에서 이 책에 기록하지 않은 다른 표징도 많이 행하셨다. 그런데 여기에 이것이나마 기록한 목적은, 여러분으로 하여금 예수가 그리스도요 하느님의 아들이심을 믿게 하고, 또 그렇게 믿어서 그의 이름으로 생명을 얻게 하려는 것이다. (요한 20:30~31)

그에 따르면 이 복음서의 이야기가 미완성인 까닭은 앞으로 다가올 일들을 다 적지 못해서가 아닙니다. 예수께서 이미 행하신 그 모든 일을 글로 다 옮기기가 불가능하기 때문입니다. 저자가 숱한 사건 중 일정 사건을 골라 기록한 이유는 분명합니다. 독자들이 예수를 메시아이자 하느님의 아들이심을 믿도록 이끌기 위해 그는 이 복음서를 썼습니다.

다른 복음서들과 마찬가지로 여기서도 우리는 복음서의 시작 부분이 메아리치는 소리를 들을 뿐만 아니라 복음서가 다뤄왔던 주제를 다시금 떠올립니다. 그 핵심은 "표징"이라는 한 단어를 통해 눈부시게 빛을 발하며 되살아납니다. 이 복음서를 통틀어 예수께서는 당신이 누구이신지를 가리키는 다양한 표징을 일으키셨고, 이제 저자는 자신이 고백하는 그 진리의 실체를 명확하게 밝힙니다.[11] 나아가 다른 복음서 저자들과 마찬가지로 그 역시 미래를 내다봅니다. 제자들은 예수께서 시작하신 일들을 계속 이어가라는 사명을 그분에게 직접 받았습니다. 그리고 요한은 마지막으로 독자들을 향해 예수를 굳게 믿으라고 대놓고 간청합니다. 그러므로

---

11 요한 12:44~50에서 이미 나타나는 이른 '종결'closure에 주목할 가치가 있습니다. 이 단락은 복음서의 첫 번째 부분을 마무리하고 그 뒤를 고별 담화(13~17장)와 수난 서사(18~20장)가 잇습니다. 주석가들은 이 대목에서 앞선 가르침의 반향을 자주 지적하는데(특히 3:17을 되짚는 47절) 이 구절들이 다시 13~17장의 가르침 속에서 반향된다는 사실에도 주목합니다. 그러나 더 중요한 것은 12:44~46과 1:1~18 사이의 연결 고리일 것입니다. 예수를 믿는 것은 하느님을 믿는 것입니다(1:12 참조). 예수를 보는 이는 그분을 보내신 분을 보는 것입니다(1:14,18 참조). 예수는 세상에 오시는 빛이며(1:9 참조) 그분 앞에서 어둠은 이길 수 없습니다(1:5 참조). 48~49절에서 예수께서 하신 말씀은 마지막 날에 사람들을 심판할 것인데 이는 예수께서 말씀하시고 행하시는 모든 것이 아버지께 받은 것이기 때문입니다. 예수의 말씀이 곧 '말씀'('로고스'λόγος) 자체이신 분에게서 발화된 것임을 아는 이들에게 이는 놀라운 일이 아닙니다(1:1). 그분은 말씀을 통해 자신의 영광, 곧 아버지에게서 온 외아들의 영광을 드러내며(1:14) 아버지를 알려 주십니다(1:18). 요한 1:1~18과의 이러한 연결성은 다음 책에서도 언급됩니다. Graham Stanton, *The Gospels and Jesus* (Oxford: Oxford University Press, 2002), 113.

우리가 이 이야기에 뛰어들어 동참하지 않는 한 이야기는 결코 완성될 수 없습니다. 다시 강조하지만, 요한이 이 글을 쓴 목적은 예수가 메시아, 곧 하느님의 아들이심을 우리가 믿어 그분의 이름으로 생명을 얻게 하려는 데 있습니다. 정갈하게 마침표를 찍은 것처럼 보여도 요한은 우리가 "참으로 멋진 이야기였어"라며 만족스럽게 한숨을 쉬고는 책을 서가에 꽂아두기를 바라지 않습니다. 애초에 이 책은 독자의 삶을 뒤바꾸어 놓으려는 목적을 품고 쓰였기 때문이지요.

그러나 이 대목이 요한 복음서의 진짜 끝은 아닙니다. 저자가 이야기를 정갈하게 매듭지었음에도 누군가 만족하지 못한 모양인지 21장에 이르면 우리는 또 다른 결말을 하나 더 건네받습니다. 이 맺음말을 원저자가 썼는지, 아니면 편집자가 덧붙였는지는 매우 복잡하고도 난해한 문제입니다. 하지만 마르코 복음서에 덧붙여진 결말들과 달리 이 21장은 문체와 신학 모두 책의 나머지 부분과 매우 긴밀하게 조응하고 있습니다. 그러한 면에서 21장은 최종 형태의 요한 복음서에 필수 불가결하며 결코 떼어낼 수 없습니다.

많은 주석가는 이 복음서가 기나긴 편집 과정을 거쳤다고 봅니다. 이 견해가 옳다면 이 대목은 수많은 편집자가 덧붙인 여러 내용 중 하나일 것입니다. 이 설명을 어떻게 받아들이든 지금 우리 손에 있는 요한 복음서에서 이 부분은 분명 책의 일부를 이룹니다. 게다가 이 대목을 쓴 이가 복음서의 다른 부분들까지 썼을 가능성도 있지요. 이 장은 전형적인 요한의 문체로 쓰였습니다.[12] 여기에는 엄청난 양의 물고기를 낚아 올리는 '표징'과 그 표징과 맞물려 등장하는, 낯익은 '담화'가 담겨 있습니다. 다만 이 장에서 담화는 예수와 베드로 사이에서 오가는 대화의 형태를 띠지요. 제자들이 배 오른쪽에 그물을 던지라는 예수의 지시에 순종하자 일어난 표징은 그렇게 물고기를 잡듯 사람을 모으라는 암묵적인 명령입니다. 이어지는 대화는 당신의 양인 사람들을 돌보라는 직접적인 지상 명령으로 이어집니다. 서로 다른 은유가 뒤섞여 있는 듯 보이지만 표징과 대화가 전하는 내용은 단단하게 엮여 있습니다. 예수께서는 제자들에게 다른 이들을 더 많이 제자로 삼으라는 사명을 맡기시고, 베드로에게는 그들을 보살피는 막중한 책임을 넘겨주십니다. 기적처럼 물고기를 낚아 올린 이 이야기는 요한 복음서 20장 21절에서 예수께서 내리셨던 명령을 일종의 그림 언어로 재현합니다.

---

12 전형적인 요한의 언어로 쓰여 있습니다. "아버지께서 나를 보내신 것처럼 나도 너희를 보낸다." (요한 20:21)

너희에게 평화가 있기를 빈다. 아버지께서 나를 보내신 것

같이, 나도 너희를 보낸다. (요한 20:21)

제자들은 이제 모든 남녀를 믿음의 공동체로 불러 모아야 합니다. 한때 주님을 부인했으나 이제 회복되고 용서받은 베드로는 예수께서 하시던 일을 계속 이어가야 합니다. 선한 목자이신 그분을 본받아 베드로 역시 양들을 위해 자신의 생명을 내놓게 될 것입니다. 그리하여 예수께서 그러하셨듯 그의 죽음 역시 하느님을 영광스럽게 할 것입니다.[13]

이 마지막 장면의 무대는 예루살렘이 아닌 갈릴리입니다. 이로써 요한 복음서는 예수께서 갈릴리에서 모습을 드러내셨다는 마르코와 마태오 전승을, 현현 장소를 예루살렘으로 제시했던 루가의 이야기와 하나로 엮어 냅니다. 마르코와 마태오가 갈릴리 전승을 택한 것은 자연스러운 일이었습니다. 두 사람 모두 예수 활동의 중심지를 갈릴리로 보았기 때문이지요. 루가는 자신의 복음서와 두 번째 책인 사도행전 모두를 예루살렘에서 시작하였기에 복음서의 대단원이 그곳에서 갈무리되는 것이 이야기의 결에 잘 맞습니다. 이와 달리

---

13 요한 21:19. 요한 13:31~32, 17:1 참조.

요한 복음서에서 예수의 활동은 갈릴리와 예루살렘 두 곳으로 나뉘어 있습니다. 그러므로 요한 복음서 저자, 혹은 편집자는 예루살렘에서 일어난 부활 현현 기록들이 갈릴리에서의 현현을 통해 균형을 이루어야 한다고 생각했을 것입니다. 갈릴리는 예수께서 당신의 영광을 미리 보여 주신 첫 번째 표징을 일으키셨던 장소였기 때문입니다(요한 2:1~11).[14]

이 이야기는 몇 가지 흥미로운 특징을 보여 줍니다.

> 이미 동틀 무렵이 되었다. 그 때에 예수께서 바닷가에 들어서셨으나, 제자들은 그가 예수이신 줄을 알지 못하였다. 그 때에 예수께서 제자들에게 물으셨다. "얘들아, 무얼 좀 잡았느냐?" 그들이 대답하였다. "못 잡았습니다." 예수께서 그들에게 말씀하셨다. "그물을 배 오른쪽에 던져라. 그리하면 잡을 것이다." 제자들이 그물을 던지니, 고기가 너무 많이 걸려서, 그물을 끌어올릴 수가 없었다. 예수가 사랑하시는 제자가 베드로에게 "저분은 주님이시다" 하고 말하였다. (요한 21:4~7)

---

14 요한 복음서 초기 장들에서 저자는 때때로 갈릴리와 예루살렘을 배경으로 한 이야기들을 의도적으로 짝지어 놓은 듯합니다. 각 쌍의 이야기는 유사한 주제를 다루지요. 요한 2:1~11과 2:13~23, 4:46~54와 5:1~18, 6장과 7장을 비교해 보십시오.

우선 마리아의 경우와 마찬가지로 제자들 역시 처음에는 예수를 알아보지 못합니다. 그들이 예수의 지시에 온전히 순종했을 때 비로소 사랑받는 제자는 물가에 서 있는 이가 주님이심을 깨닫습니다. 마르코 복음서의 마지막 대목이 그랬듯 여기서도 예수를 뵙는 일은 그분의 명령을 기꺼이 따를 만큼 충분한 믿음을 품고 있느냐에 달려 있습니다. 게다가, 그때조차 예수를 가장 먼저 알아본 이는 그분과 가장 가까웠던 제자뿐입니다. 늘 그랬듯 충동적인 베드로는 무덤 안으로 불쑥 들어가 보듯(요한 20:6) 바다에 뛰어듭니다.

> 시몬 베드로는 주님이시라는 말을 듣고서, 벗었던 몸에다가
> 겉옷을 두르고, 바다로 뛰어내렸다. (요한 21:7)

이 장의 중심을 이루는 장면은 단연 식사입니다. 제자들은 자신들이 잡은 물고기를 가져오라는 초대를 받지만, 그곳에는 이미 구운 물고기와 빵이 마련되어 있었습니다. 이 자리는 분명 성찬을 가리키고 있습니다. 식사를 주재하는 주인이 제자들이 아니라 바로 부활하신 주님이시기 때문입니다. 제자들은 감히 그분이 누구인지 묻지 못하면서도 그분께서 주님임을 직감합니다.

예수께서 그들에게 말씀하셨다. "와서 아침을 먹어라." 제자들 가운데서 아무도 감히 "선생님은 누구십니까?" 하고 묻는 사람이 없었다. 그가 주님이신 것을 알았기 때문이다.

(요한 21:12)

루가 복음서 속 엠마오로 가던 제자들의 이야기처럼 이 식탁을 주재하시는 분의 정체성은 의심할 여지 없이 분명합니다. 그러므로 이 이야기는 그 자체의 기록을 넘어, 훗날 그리스도인들이 주님의 이름으로 모여 성찬을 할 때마다 그분께서 그 자리에 함께하신다는 믿음을 또렷이 가리킵니다. 동시에 이 장면은 과거를 뒤돌아보게 만들기도 합니다. 요한은 다른 복음서 저자들이나 바울과 달리 성찬이 제정된 사건을 따로 기록하지 않았습니다.[15] 대신 그는 빵과 물고기로 수많은 이를 먹이신 이야기(요한 6장)를 전했지요. 요한은 그 기적을 예수의 참된 정체와 그분의 죽음, 부활이 지닌 참된 의미를 드러내는 결정적인 표징으로 해석했습니다. 그러니 예수께서 빵과 물고기를 건네주시자 제자들이 그분을 알아보았다는 서술은 자연스러운 귀결이라 할 수 있습니다. 또한 이 식사

---

15   마태 26:26~29, 마르 14:22~25, 루가 22:14~21, 1고린 11:23~26.

는 장차 다가올 일, 하느님 나라에서 열릴 메시아의 잔치를 미리 맛보는 자리이기도 합니다. 엄청난 양의 물고기를 낚아 올린 기적은 그 잔치가 얼마나 차고 넘칠지 넌지시 일러 줍니다.[16]

제자들은 물고기를 낚는 구체적인 방법을 주님께 지시받습니다. 마르코 복음서 1장 17절처럼, 우리는 이 장면을 세상에 나아가 복음을 선포하라는 명령으로 이해할 수 있습니다. 그물에 걸려 올라온 물고기가 정확히 153마리였다는 기록은 이 숫자에 특별한 의미가 담겨 있음을 암시합니다. 비록 그 연유를 분명히 밝히고 있지는 않으나 고대 세계의 상징 체계에서 이 수치는 결코 우연의 산물이 아닙니다. 학자들은 153이라는 숫자가 1부터 17까지의 정수를 모두 더한 삼각수라는 점에 주목하지요. 점들을 층층이 쌓아 올렸을 때 조화로운 정삼각형을 이루는 이 수치는 요한 복음서 특유의 구성을 보여 줍니다. 더욱이 그 바탕이 되는 17이라는 숫자는 그 자체로 소수일 뿐 아니라, 완전함을 상징하는 두 수인 10과 7의 합으로 이루어져 있습니다. 그렇다면 이 153마리의

---

16 현재, 과거, 미래에 있어 이 식사의 의미는 바울이 1고린 11:26에서 요약한 바와 같습니다. "여러분이 이 빵을 먹고 이 잔을 마실 적마다 주님의 죽음을 전하는 것입니다. 그분께서 오실 때까지 말입니다."

물고기는 이스라엘이라는 울타리를 넘어 만민, 곧 모든 민족에게 복음을 전해야 한다는 보편적 구원의 사명을 가리키는 것이 아닐까요?

이 장 마지막 장면 역시 첫 장면과 마찬가지로 근본적으로 사명을 맡기는 데 그 핵심이 있습니다. 베드로는 주님의 어린 양들을 돌보라는 사명을 받습니다. 하지만 그에 앞서 반드시 치러야 할 과정이 있습니다. 바로 용서와 화해입니다. 이것이 바로 요한 복음서의 편집자가 20장에서 사실상 끝난 이야기를 굳이 이어가야 했던 중요한 이유 중 하나일 것입니다. 앞서 자신이 제자임을 세 번이나 부인했던 베드로는 온전히 회복되지 않은 상태였습니다.[17] 이제 베드로는 예수를 뒤따르고 그분이 하시던 일을 이어가도록 다시 한번 부름을 받습니다. 예수께서는 그에게 세 번에 걸쳐 당신을 사랑하느냐고 물으십니다.

예수께서 시몬 베드로에게 물으셨다. "요한의 아들 시몬아, 네가 이 사람들보다 나를 더 사랑하느냐?" 베드로가 대답하였다. "주님, 그렇습니다. 내가 주님을 사랑하는 줄을 주

---

17   요한 18:15~18,25~27.

님께서 아십니다." 예수께서 그에게 말씀하셨다. "내 어린 양 떼를 먹여라." 예수께서 두 번째로 그에게 물으셨다. "요한의 아들 시몬아, 네가 나를 사랑하느냐?" 베드로가 대답하였다. "주님, 그렇습니다. 내가 주님을 사랑하는 줄을 주님께서 아십니다." 예수께서 그에게 말씀하셨다. "내 양 떼를 쳐라." 예수께서 세 번째로 물으셨다. "요한의 아들 시몬아, 네가 나를 사랑하느냐?" 그 때에 베드로는, "네가 나를 사랑하느냐?" 하고 세 번이나 물으시므로, 불안해서 "주님, 주님께서는 모든 것을 아십니다. 그러므로 내가 주님을 사랑하는 줄을 주님께서 아십니다" 하고 대답하였다. (요한 21:15~17)

거듭되는 질문에 베드로는 마음 아파했으나 그가 세 번이나 주님을 모른다고 했던 과거를 깨끗이 지워내려면(요한 13:36~38, 18:15~18,25~27 참조) 이 과정이 필요했습니다. 이 대화가 지닌 의미는 명확합니다. 예수께서는 매번 그를 시몬이라고 부르십니다. 세 번의 부인을 통해 반석다운 견고함을 갖추지 못했음을 드러냈기에 게파(곧 베드로, 요한 1:42)라는 이름은 그에게 어울리지 않기 때문입니다. 과거의 시몬 베드로는 주님을 위해 목숨을 내놓겠다는 결기를 지키지 못하고 실패했습니다(요한 13:37). 하지만 이제 다가올 미래에는 기어이 그 사명을 완수하게 될 것입니다.

마지막 표징과 예수께서 베드로에게 주신 말씀은 요한이 들려주는 이야기가 아직 끝에 다다르지 않았음을 분명히 보여 줍니다. 이는 단지 복음서 저자가 예수께서 행하신 모든 일을 다 기록하지 못했기 때문만은 아닙니다. 여전히 제자로 부름받아야 할 이들이 남아 있고 정성으로 돌보아야 할 양 떼가 있기 때문입니다. 그렇다면 이 이야기는 과연 언제 끝을 맺게 될까요? 아마도 예수께서 다시 오시는 그날일 것입니다. 사랑받는 제자의 앞날을 묻는 베드로의 질문에 주님께서는 그 제자가 그때까지 머물 수도 있음을 암시하셨습니다. 물론 이는 확정적인 약속이 아니었습니다. 저자가 예수와 베드로 사이에 오간 이 짧은 대화를 기록한 데에는 아마도 당시 교회가 맞닥뜨린 어떤 문제, 사랑받는 제자의 갑작스러운 죽음이 빚어낸 혼란을 수습하려는 의도가 있었던 것으로 보입니다. 주님께서 재림하실 때까지 그 제자가 살아있을 것이라 믿었던 이들의 의문에 대해 요한은 이렇게 답합니다. "아니다. 주님께서는 단지 '그렇게 된다 하더라도 네가 무슨 상관이냐'고 물으셨을 뿐이다." 베드로가 맡은 임무는 양들을 돌보는 일에 있습니다(요한 21:15~17). 이는 오직 주님을 따를 준비가 되었을 때만 감당할 수 있습니다(요한 21:19). 반면 사랑받는 제자는 특별한 촉구 없이도 이미 그 길을 걷고 있었습니다. 베드로에게 예수를 따른다는 것은 곧 순교를 의미하며 그는 예수처럼 죽음을 통해 하느님을 영광스럽게 할 것입니다. 사랑받는 제자가 장차 무슨 일을 하도록 부름받았는지는 베드로가 관여할 바가 아닙니다.

> 이 모든 일을 증언하고 또 이 사실을 기록한 사람이 바로 이 제자이다. 우리는 그의 증언이 참되다는 것을 알고 있다. 예수께서 하신 일은 이 밖에도 많이 있어서, 그것을 낱낱이 기록한다면, 이 세상이라도 그 기록한 책들을 다 담아 두기에 부족할 것이라고 생각한다. (요한 21:24~25)

맺음말에서 편집자는 "이 모든 일을 증언하고 또 이 사실을 기록한" 장본인이 다름 아닌 예수께서 사랑하신 그 제자라고 밝힙니다. 여기서 "이 모든 일"은 1장에서 20장까지의 복음서 기록을 가리키는 것이겠지요. 이 마지막 장을 쓴 사람이 누구든 그는 복음서에 담긴 전승의 뿌리가 사랑받는 제자임을 분명하게 밝히고서는 "우리는 그의 증언이 참되다는 것을 알고 있다"는 말을 덧붙였습니다.[18] 여기서 '우리'는 대체 누구를 가리키는 것일까요? 복음서를 마지막으로 엮은 편집자와 그를 도운 이들을 가리키는 것일까요? 아니면 이 이야기로 초대받은 신앙 공동체 전체를 가리키는 것일까요? 그의 증언이 참되다는 점을 '우리'가 안다면 '우리'는 그 앎에 걸맞게 행동해야 합니다. 그렇다면 우리는 어떻게 그 증언이 참됨을 알 수 있을까요? 본문은 별다른 근거를 제시하지 않습니다. 아마도 그 이유는 이 본문이 증언하는 분이 "참 빛"(요한 1:9)이시며 그분을 통해 진리와 은총이 세상에 온전히 드러났기 때문일 것입니다(요한 1:17). 이러한 어법은 다시금 요한 복음서의 장엄한 서막을 일깨워 줍니다.

복음서에 이 마지막 장을 덧붙인 이는 과연 누구일까요? 그는 복음서의 다른 대목들도 도맡아 썼을까요? 그는 왜 이러한 보완이 필요하다고 느꼈을까요? 단순히 베드로의 무너진 권위를 다시 세워주기 위해서였을까요? 아니면 다른 그리스도인들에게서 전해 들은 전승을 어떻게든 한 데 엮으려 했던 것일까요? 아니면 예수께서 모든 민족에게 복음을 전

---

18 이 장의 마지막 구절들은 전할 수 있는 이야기가 훨씬 더 많았다는 20:30의 진술을 반복하며, 저자(혹은 전승의 기원)의 증언이 참되다는 것을 확언합니다.

하라고 제자들에게 명령하시는 장면을 반드시 채워 넣어야 한다고 생각했을까요? 복음서의 원래 결말(20장)이 묘하게 닫혀 있어 그리스도 공동체에 그들이 해야 할 과제가 아직 남아 있음을 일깨워 줘야 한다고 생각했을까요? 분명한 사실은 이 마지막 대목이 예수께서 제자들에게 맡기신 사명을 한층 더 엄중하게 부각한다는 것입니다.

이 결말에는 기이한 점이 하나 더 있습니다. 마르코 복음서에서는 부활하신 그리스도께서 끝내 그 모습을 드러내지 않으시지만, 요한 복음서에서는 끝내 제자들을 떠나지 않으십니다.[19] 21장의 두 번째 결말까지 포함하더라도 예수께서는 마태오나 루가 복음서에서처럼 제자들에게 작별을 고하지 않으십니다. 이는 요한 복음서가 부활을 승천과 거의 동일시하기 때문일까요? '거의'라는 표현을 쓰는 까닭은 예수께서 막달라 마리아에게 나타나신 이후 비로소 승천이 이루어졌음을 본문이 암시하기 때문입니다.[20] 예수께서 제자들을 끝내 떠나지 않는 모습은 "내가 세상 끝 날까지 항상 너희

---

19 예수의 승천은 요한 20:17에서 예고됩니다. 그렇다면 20:27에 이르렀을 때 승천이 이미 일어났다고 가정해야 할까요?

20 요한 20:17. 앞서 보았듯 저자는 예수의 십자가 처형을 그분의 영광스러운 격상과 결합했습니다. 앞의 각주 2번과 3번을 보십시오.

와 함께 있을 것이다"(마태 28:20)라는 마태오 복음서의 약속을 요한이 그만의 방식으로 풀어낸 결과물일지 모릅니다. 또한 예수께서 행하신 일을 낱낱이 기록한다면 세상이라도 그 책들을 다 담아내지 못할 것이라는 저자의 마지막 증언은 이 이야기가 필연적으로 미완성일 수밖에 없음을 우리에게 일깨워 줍니다.[21] 이보다 더 활짝 열려 있는 결말은 존재하지 않을 것입니다. 이 마지막 문장은 20장 30절의 진술을 변주하며 왜 모든 행적을 기록하려 하지 않았는지를 의도적인 과장법으로 노래합니다. 이러한 과장은 고대 세계에서 흔히 쓰이곤 했습니다. 이와 유사한 의미를 지닌 잠언이 랍비 요하난 벤 자카이Johanan ben Zakkai에게서도 발견됩니다.

하늘 전체가 종이이고 모든 나무가 글을 쓰는 붓이며 바다가 온통 먹물이라 해도 내가 스승들에게 받은 지혜를 다 기록하기에는 턱없이 모자랄 것이다. 그럼에도 현자들의 지혜에서 길어 올린 것은 파리 한 마리가 바다에 잠시 내려앉았다가 아주 작은 물방울 하나를 묻혀 날아가는 정도에 지

---

21 편집자가 코헬렛에 덧붙인 마지막 구절들을 비교해 보십시오. 그는 스승이 가르친 수많은 잠언을 언급하며 이렇게 논평합니다. "책을 만드는 일은 끝이 없다."(코헬 12:9,12) 요한의 마지막 구절처럼 열린 결말이지만 이 냉소적 접근은 사뭇 다른 효과를 냅니다.

나지 않는다.[22]

과장이든 아니든 요한의 이러한 언급은 그리스도를 통해 드러난 영광을 인간의 언어로 요약하는 일이 사실상 불가능하다는 진실을 가리킵니다. 1세기의 유대인 철학자 필론Philo 역시 이와 비슷한 말을 남겼습니다.

> 하느님께서 당신의 풍요로움을 남김없이 드러내려 하신다면 바다가 마른 땅으로 바뀐 온 세상이라 할지라도 다 담아내지 못할 것이다.[23]

어떤 이들에게 요한 복음서 21장의 마지막 문장은 더는 붓을 놀리지 않으려 궁색하게 내놓은 빈약한 결말처럼 보였을지 모릅니다. 하지만 이 표현은 저자가 자신이 다루는 주제가 얼마나 거대한지를, 그 거대함을 글귀로 온전히 담아내기란 원칙적으로 불가능하다는 것을 인정하는 고백입니다. 예수를 두고 쓰일 책들을 온 우주가 다 담아낼 수 없다면, 이는

---

22 B. *Talmud*, Sopherim 16.8. 랍비 요하난은 기원후 1세기에 가르쳤으나 탈무드는 훨씬 나중에 기록되었습니다.

23 Philo, *De posteritate Caini*, 144.

그분께서 다름 아닌 '말씀'이시기 때문입니다. 그분은 만물이 당신을 통해 지음받은 근원이시며(요한 1:3) 우리에게 하느님 당신의 본성을 친히 드러내 알리신 분입니다(요한 1:18). 이러한 바탕 위에서 보면 "바다가 마른 땅으로 바뀐 온 세상이라 할지라도" 그분이 행하신 일들, 곧 하느님의 풍요롭고 영광스러운 면모를 드러낸 활동의 자취를 온전히 담아낼 길은 없습니다. 예수에 관해 배워야 할 바는 요한 복음서에 기록된 내용보다 아득히 더 많이 남아 있습니다. 그리고 이를 발견하고 깨닫기 위해 독자가 닻을 올린 항해는 이제 막 시작되었을 뿐입니다.

나가며

끝을 맺는 일은 곧 시작을 빚어내는 일이다.

끝은 우리가 새롭게 출발하는 자리다.

- T. S. 엘리엇, 『네 개의 사중주』, 「리틀 기딩」5연

누군가는 복음서 저자들이 책을 마무리하는 방식이 책의 첫머리를 여는 방식과 사뭇 다르리라 짐작할 수 있습니다. 하지만 지금까지 살펴보았듯 실상은 그렇지 않습니다. 여러 면에서 '결말'은 '시작'과 같은 기능을 수행하며 저자가 전하고자 하는 이야기의 참된 의미를 또렷이 가리킵니다. 둘을 나란히 놓고 보면 지금까지 다룬 이야기의 시작과 결말이 정

교하게 맞물려 수미상관을 이룬다는 사실을 알 수 있습니다. 각 책이 남긴 마지막 장은 독자를 이야기의 시작으로 되돌아가게 하며, 이야기가 품은 의미를 꿰뚫어 보는 새로운 통찰을 가지고 처음부터 다시 본문을 읽는 길로 초대합니다. 복음서들 가운데 그 어떤 책도 수미상관 구조를 통해 완벽한 마침표를 찍지 않습니다. 오히려 결말들은 한결같이 그다음에 다가올 일을 앞당겨 내다봅니다. 지금까지 살핀 다섯 권의 책은 모두 열린 결말이라 부를 만한 특징이 있습니다. 현대의 몇몇 작가들처럼 복음서 저자들은 자신들의 이야기를 이어받아 극의 마지막 장면을 스스로 써 내려가기를 독자들에게 권합니다. 그들은 마지막 장을 통해 서로 다른 방식으로 각자가 들려준 이야기를 상기시키며 이야기의 출발점으로 독자를 돌려보냅니다. 그러면서도 이 이야기는 아직 끝나지 않았으며 이야기를 이어가는 일은 오롯이 독자인 우리의 몫임을 넌지시, 하지만 집요하게 일러 줍니다.

　지금까지 살펴본 다섯 책이 보여 준 결말은 그 시작이 그러했듯 저자들이 품은 목적에 들어맞도록 세심하게 다듬어졌습니다. 이 결말은 슈퍼마켓 진열대에서 아무렇게나 집어 든 기성품이 아니라 각자의 이야기에 맞추어 재단된 맞춤복입니다. 그럼에도 이 결말들은 각기 고유한 방식으로 같은 내용을 실어 나릅니다. 지금까지 자신이 들려준 이야기는 다름 아닌 하느님께서 친히 빚어내신 작품이며, 그 이야기가 계속 이어질지 아닐지는 이야기를 건네받은 이들에게 온전히 달려 있다는 것이지요. 저자들은 저마다 다른 결말의 자리에서 우리에게 요청합니다. 끝을 시작으로 바꾸어 그 이야기를 스스로 계속 써 내려가라고 말이지요.

복음서들과 사도행전을 살피며 확인한 이 특징은 어쩌면 숱한 문학 작품에서 흔히 발견할 수 있는 것일 수도 있습니다. 아니면 세상을 구원하시려는 하느님의 거대한 이야기가 여전히 진행 중이며 자신들 역시 그 이야기로 깊이 빨려 들어갔다는 저자들의 공통된 확신이 그들로 하여금 이토록 각별한 문학 형식을 택하도록 이끌었는지도 모릅니다.

이 이야기는 여전히 이어지고 있기 때문에 결코 마침표를 찍을 수 없습니다. 진정한 마침표는 만물이 온전히 끝나는 마지막 때에 이르러서야 비로소 찾아올 것입니다. 공관복음의 저자들은 한결같이 '끝은 아직 오지 않았다'고 우리를 일깨웁니다. 만물이 회복될 그 시간은 여전히 미래에 머물러 있습니다(사도 1:6~7).[1] 그리스도인 공동체는 그리스도의 부활

---

[1] 마태 24:6, 마르 13:7, 루가 21:9 참조.

과 신자들의 부활 사이, 즉 '이미'와 '아직' 사이의 시간을 살아갑니다. 그 이행의 시간 동안 예수께서는 세상 끝 날까지 우리와 함께 머물겠노라 약속하셨습니다(마태 28:20). 다만 요한 복음서에서는 이러한 미래의 종말에 대한 강조가 상대적으로 약하게 나타납니다. 요한에게는 십자가에서 높임 받으신 예수의 죽음 자체가 이미 이야기의 완성입니다. 그는 예수께서 제자들을 끝까지 사랑하셨으며,[2] 그분의 죽음과 함께 모든 활동이 완결되었음을 선포합니다.[3] 그리하여 요한 복음서에서 현재와 미래 사이의 긴장은 아래와 위의 긴장,[4] 땅과 하늘 사이의 긴장으로 결을 바꿉니다.[5] 저자는 종말의 때를 주시하며 기다리는 일보다 그리스도와 믿는 이들이 지금 여기서 맺고 있는 관계를 더 깊이 파고듭니다.

---

2 요한 13:1. 요한 복음서에서 '끝, 목적'을 뜻하는 그리스어 명사 '텔로스' τέλος가 쓰인 유일한 사례입니다.

3 요한 19:28,30. 여기서는 '끝내다' 또는 '완수하다'라는 뜻의 동족 동사 '텔레오' τελέω가 쓰였습니다. 비슷한 의미를 지닌 또 다른 동족 동사 '텔레이오오' τελειόω는 예수께서 아버지께 받은 일을 완수하실 때(요한 4:34, 5:36, 17:4), 예수를 통해 일이 일어날 때(요한 17:23), 그리고 예수 안에서, 예수를 통해 성서 말씀이 성취될 때 쓰였습니다(요한 19:28).

4 요한 3:3,7,31.

5 요한 1:32, 3:27,31, 6:31~58.

끝은 더는 임박한 미래가 아니라 이미 우리 안에 깃든 현실이다.[6]

물론 요한 복음서도 장차 다가올 재림에 대한 기대를 완전히 놓지는 않습니다(요한 21:23). 요한의 이야기 역시 제자들이 명하신 자리에서 그물을 던지지 않으면(요한 21:4~11), 베드로가 양 떼를 보살피지 않으면(요한 21:15~17), 그리고 독자들이 그 증언에 응답하여 믿음에 도달하지 않으면(요한 20:31) 결코 완성될 수 없습니다.

복음서들의 대미를 장식하는 결말 이야기들은 예외 없이 예수의 부활을 조명합니다.[7] 이 이야기들 사이에는 흥미로운 공통점과 더불어 선명한 차이점들이 존재하며, 때로는 한 복음서 안에서조차 이따금 서로 모순되는 듯한 묘사들이 나타나기도 합니다. 예수께서는 홀연히 나타나셨다 사라지시지만 물고기를 드심으로써 당신께서 결코 유령이 아님을 보여 주셨습니다. 또한 막달라 마리아에게 당신을 붙잡지 말라고 경계하시면서도 상처에 손을 넣어 보라고 도마를 초대하

---

6 Frank Kermode, *The Sense of an Ending*, 25.

7 이 주제는 앞서 언급했듯 사도행전의 마지막 구절들에도 나타납니다.

시기도 합니다.[8] 이러한 이야기들은 부활 이후 주님의 현존을 경험한 초기 신앙 공동체가 "예수께서 살아 계신다"는 확신을 저마다의 처지와 국면에서 증언한 결과물입니다. 바로 이 이야기들이 복음서의 결말을 빚어내고 있으며, 이 결말들이 하나같이 열린 결말로 드러난다 한들 애써 놀라워할 필요는 없습니다. 겉으로는 끝이면서도 실상은 새로운 시작을 알리는 이 결말이야말로 죽음과 부활을 다루는 복음을 온전히 책으로 표현하고 마무리할 수 있는 유일한 길이었을 것입니다. 제자들에게는 철저한 끝처럼 보였던 죽음은 새로운 생명을 향한 눈부신 출발점이라는 진실이 밝혀졌습니다.[9]

이 확신, 곧 예수께서 죽음을 이기시고 살아나셨으므로 인간의 죽음 또한 끝이 아니라는 확신은 이후 수많은 이의 신앙 고백이 되었습니다. 그들은 자신의 죽음 뒤에도 새로운 삶이 이어지리라는 소망을 공유했습니다. 이 진리를 디트리히 본회퍼Dietrich Bonhoeffer보다 더 뼈저리게 체험하고 강력하게 펼쳐 보인 이는 없을 것입니다. 1945년 4월, 처형을 목전에 둔 밤, 그가 마지막으로 남긴 말이 이 책 또한 잘 마무리해 주는 결언이 될 듯합니다.

---

8 루가 24:30~31,36~43.

9 요한 20:17,27.

이것이 끝입니다.

그러나 나에게는, 생명의 시작입니다.[10]

10 이 말은 치체스터의 주교였던 조지 벨George Bell에게 보낸 메시지
    의 일부입니다. E. Bethge(ed.), *Letters and Papers from Prison* (London: SCM
    Press, 1953), 181. 『저항과 복종』(대한기독교서회).

복음의 결말
- 제자도로의 초대

초판 1쇄 ┃ 2026년 3월 31일

지은이 ┃ 모나 D. 후커
옮긴이 ┃ 양지우

발행처 ┃ ㈜룩스문디
발행인 ┃ 이민애
편 집 ┃ 김준철 · 민경찬
검 토 ┃ 손승우 · 최자혜
제 작 ┃ 김진식 · 김진현
디자인 ┃ 손승우

출판등록 ┃ 2024년 9월 3일 제301-2024-000093호
주 소 ┃ 서울특별시 중구 세종대로19길 16 1층 001호
주문전화 ┃ 010-3320-2468
이메일 ┃ luxmundi0901@gmail.com(주문 관련)
　　　　　viapublisher@gmail.com(편집 관련)

ISBN ┃ 979-11-997804-0-8 (03230)
한국어판 저작권 ⓒ 2026 ㈜룩스문디

* 값은 뒤표지에 있습니다. 잘못된 책은 구입하신 곳에서 바꾸어 드립니다.